El humor de los hombres que hicieron la Patria

NOS HABÍAMOS REÍDO TANTO

Compilador Nerio Tello

El humor de los hombres que hicieron la Patria
es editado por
EDICIONES LEA S.A.
Charcas 5066 C1425BOD
Ciudad de Buenos Aires, Argentina.
E-mail: info@edicioneslea.com
Web: www.edicioneslea.com

Colección Filo & Contrafilo
dirigida por Adrián Rimondino y Enzo Maqueira.

ISBN 978-987-634-240-7

Primera edición, 2000 ejemplares.
Impreso en la Argentina.
Esta edición se terminó de imprimir en
Mayo de 2010 en Printing Books.

Nos habíamos reído tanto : el humor de los hombres que hicieron la patria /
     Bartolomé Hidalgo ... [et.al.] ; compilado por Nerio Tello. - 1a ed. -
     Buenos Aires : Ediciones Lea, 2010.
     192 p. ; 23x14 cm. - (Filo y contrafilo; 14)

     ISBN 978-987-634-240-7

     1. Ensayo Argentino. I. Hidalgo, Bartolomé II. Tello, Nerio, comp.
     CDD A864

El humor de los hombres que hicieron la Patria

NOS HABÍAMOS REÍDO TANTO

Compilador Nerio Tello

Sobre el humor
y nuestros grandes autores

Si bien todo el mundo puede distinguir rápidamente de qué hablamos cuando decimos humor, pocos pueden definirlo con claridad. Muchos intelectuales se han internado en los meandros de este ¿género? en un intento por definir y delimitar sus parámetros: un famoso estudio de Pirandello (*El humorismo*), otro del español Pío Baroja (*La caverna del humorismo*) y un clásico del género de Henri Bergson (*La risa. Ensayo sobre la significación de lo cómico*), a los que habría que sumar aquí los trabajos de los argentinos Piolín de Macramé (Florencio Escardó) y Bernardo Ezequiel Koremblit (*La risa, estética del desencanto*).

Pero veamos primero cómo se ha intentado, desde distintos enfoques, definir algo tan claro y difícil de precisar. La Real Academia Española define al humor como: "Genio, índole, condición, especialmente cuando se manifiesta exteriormente. 2. m. Jovialidad, agudeza. Hombre de humor. 3. m. Disposición en que alguien se halla para hacer algo. 4. m. Buena disposición para hacer algo. ¡Qué humor tiene!".

En otros diccionarios intentan definirlo como "la capacidad del ser humano para enfrentar con serenidad las carencias del mundo y las dificultades de la vida cotidiana". Y en un diccionario alemán consignan que es "una forma de ingenio que consiste en demostrar o deformar la realidad realzando aspectos divertidos e insólitos".

No faltan, claro está, las observaciones pesimistas. El filósofo alemán Friedrich Nietzsche escribió que "El hombre sufre tan profundamente que ha debido inventar la risa". Por cierto, da cuenta de algo muy particular: la risa es un gesto típica y exclusivamente humano, a pesar de las hienas.

En la Argentina hay grandes cultores del humor y de hecho existen desde fines del siglo XIX publicaciones destinadas exclusivamente al tema. La legendaria revista *Caras y Caretas*, que nació en 1898, se definía como un "semanario festivo, literario, artístico y de actualidades".

Así, el humor buscó refugio en publicaciones especializadas. Aun hoy muchos suelen distinguir entre diarios y revistas "serias" y publicaciones de humor. Sin embargo, la historia ha demostrado que muchas veces el humor ha sido más punzante y crítico que la "expresión seria". Quizás el griego Aristófanes (con *Las aves* o *Lisístrata*) o el singular comediógrafo romano Plauto, desde el humor, hablaron "seriamente" de su tiempo.

Desde ya, el humor ha estado vinculado con la cultura, en el sentido de que el tipo de humor se corresponde con el tipo de sociedad. Así, el niño se ríe de los golpes y los tropezones, y el adulto de los juegos de palabras y las ironías. Aunque por cierto la televisión ha hecho del humor de los cachetones (cuando no la grosería) un clásico, con lo cual mucha gente interpreta por humor esas manifestaciones primitivas, poco sutiles y carentes de inteligencia.

En principio, muchos asocian el humor vinculado con la risa, pero no necesariamente es así. La risa se vincula a la broma, al chiste: es decir, a una narración generalmente muy breve, de final inesperado y sin efecto posterior. También la risa se vincula al *gag*, que es la representación de una situación cómica. Aquí la risa está vehiculizada por gestos o acciones (una torta en la cara, o una caída). La broma, el chiste o el *gag* no funcionan si no es con la risa.

El humor, en cambio, requiere de una atención selectiva. Apela a la inteligencia o la sensibilidad del escucha o lector. Genera, a veces, una sonrisa y deja al individuo pensando. El humor continúa trabajando en la cabeza del lector, que disfruta de una construcción ingeniosa o una observación incisiva.

Porque, como dice Shakespeare, "que una chanza prospere depende del oído de quien escucha, nunca de la lengua de quien la hace". Es decir, que el humor tiene su público y su contexto.

Cuando grandes autores de la historia argentina, como los incluidos en esta antología, escriben párrafos humorísticos, no como un recurso de entretenimiento sino como una característica y condición de su estilo, el humor fluye cristalino, amable, disfrutable.

En *Recuerdos de Provincia*, Sarmiento –ese señor de cara seria que nos miraba desde los cuadros colocados en frente del aula, al lado del pizarrón– señala:

"Por las mañanas, después de barrida la tienda, yo estaba leyendo, y una señora pasaba para la iglesia y volvía de ella, y sus ojos tropezaban siempre, día a día, mes a mes, con este niño inmóvil insensible a toda perturbación, sus ojos fijos sobre un libro, por lo que, meneando la cabeza, decía en su casa: '¡Este mocito no debe ser bueno! ¡Si fueran buenos los libros no los leería con tanto ahínco!'".

El libro de Sarmiento, claro está, no es un libro "de humor", pero el humor sarmientino aparece merced a su pluma inteligente e ingeniosa. Más allá de esto, el propio Sarmiento publicó columnas en periódicos haciendo gala de su pluma irónica, lo que el lector podrá disfrutar en el texto: "Al Oído de las Lectoras", un singular fresco acerca de la moda y costumbres de las señoritas y señoras.

En esta antología hemos intentado, por lo tanto, evitar a los autores "humorísticos" y bucear en textos de estas características, pero fruto de grandes autores reconocidos por sus otros méritos, literarios o políticos. Así, el lector podrá sorprenderse con un fragmento de la obra teatral de Juan Bautista Alberdi titulada *El gigante Amapolas*.

Como es sabido, Alberdi sentó las bases ideológicas para la redacción de la Constitución Nacional, pero no por ello dejó de ser un hombre versátil, con muchos otros intereses (por ejemplo la música) y con una particular forma de afrontar los problemas políticos del período rosista que él satiriza en esa obra.

Esta situación es observable en otros autores cuyos libros, textos o fragmentos resultan singularmente jugosos. Así, el lector –creemos– se sorprenderá ante la lozanía de la prosa de Miguel Cané, extraída de su célebre *Juvenilia*. O la gracia de Lucio V. Mansilla rescatada tanto en sus memorias, como en su clásico *Excursión a los indios ranqueles* y cuyo fragmento hemos titulado "Doscientos cincuenta apretones de manos". También es destacada la presencia de Lucio V. López, nieto del autor de nuestro himno, López y Planes, e hijo del insigne historiador Vicente Fidel López. En "Don Polidoro (Retrato de muchos)" se mofa de los nuevos ricos argentinos paseando por París, costumbre al parecer muy extendida en las últimas décadas del siglo XIX.

Quizás menos sorprendentes sean los textos de Fray Mocho y Nemesio Trejo, que cultivaron el humor como eje de sus trabajos. En ellos, los giros idiomáticos se transforman en un recurso gracioso en sí. Trejo, por ejemplo, es un agudo crítico de las costumbres y un gran observador de la gente de su tiempo, cualidad que comparte con Fray Mocho. Además, hemos incluido dos relatos desopilantes de Godofredo Daireaux ("El hombre que hacía llover" y una singular "Pesquisa" policial). Este inmigrante francés alcanzó popularidad por sus creaciones humorísticas en torno del mundo rural argentino. En estos tres autores, sus hilarantes "ocurrencias" superan meros pintoresquismos.

Entendemos que el lector disfrutará singularmente la aparición de Roberto J. Payró, de quien publicamos un fragmento de sus *Divertidas aventuras del nieto de Juan Moreira* y un cuento donde reconstruye las particulares artimañas de un juez de paz campesino. En "Un cuento que mata" recorre sus anécdotas por el mundo del periodismo.

Eugenio Cambaceres, autor de la clásica novela *Sin rumbo*, saca a relucir aquí sus dotes de observador de ciertos habitantes de Buenos Aires muy referenciados en la cultura parisina.

Por su parte, Eduardo Wilde, un médico y político de larga trayectoria, se anima a escribir una "Carta de Recomendación" que parece pensada para estos días. También nos ofrece un fresco de lo que él llama "La vida moderna".

Del gran novelista y poeta Ricardo Güiraldes se incluyen dos textos que nos descubren una faceta impensada. "La donna è Mobile" y "Aventuras grotescas: Arrabalera" son dos textos muy raros, escenificados, que hacen gala de gran desparpajo.

De un autor clásico del mundo rural, Martiniano Leguizamón, hemos incluido *El domador*, un relato cuyo sabor y gracia nos remitirá a la obra posterior del uruguayo Wimpy.

Otro singular creador fue Pastor Obligado de quien incluimos aquí "Mucho por nada (Crónica del año de la Revolución)", donde demuestra cómo el mentidero y las fantasías pueden generar revoluciones, con un tono particularmente irónico.

También nos pareció oportuno incluir textos de factura diversa, como pueden ser unos antiguos versos de Bartolomé Hidalgo que hemos titulado "Un trato es un trato"; un fragmento de Hilario Ascasubi ("Al engaña pichanga"); un homenaje a José Hernández de quien presentamos dos conocidas estrofas del *Martín Fierro*; y la presencia del payador Gabino Ezeiza, con algunas estrofas que harán las delicias de los recopiladores del humor absurdo.

Al final de esta selección el lector encontrará un fragmento de un texto de José Ingenieros (*Elogio de la risa*). Lo hemos incluido como "Apéndice" pues no es un texto de humor sino sobre el humor. La inteligencia y sutileza del análisis de este gran intelectual argentino, y además en su condición de contemporáneo de muchos de los autores aquí incluidos, nos parecían méritos suficientes para no privar al lector curioso e inteligente de acercarse a este fragmento deslumbrante.

Finalmente, nos resta decir que estos textos han sido dispuestos en un riguroso orden cronológico teniendo en cuenta el año de nacimiento del autor. Se podría haber elegido ordenarlos por fecha de publicación, o siguiendo un criterio temático. Todo ordenamiento nos parecía arbitrario, como también el que finalmente elegimos. Sabrá el lector disculpar, entonces, los saltos temáticos y estilísticos de esta selección que se maneja con la misma impunidad que muchos de los escritores aquí incluidos.

Nerio Tello

NOTA. El compilador agradece los aportes bibliográficos de la ONG *La Nube. Infancia y cultura*, en la persona de su fundador y presidente, Pablo Medina. Muchos de los textos han sido tomados de antiguas ediciones del tesoro bibliográfico de esa institución.

Bartolomé Hidalgo

Un trato es un trato
(fragmento)

CONTRERAS
Tiempo hace que le ofrece
el venir a visitarlo,
y lo que se ofrece es deuda:
¡pucha! pero está lejazos.
Mire que ya el mancarrón
se me venía aplastando.
¿Y usté no fue a la ciudad
a ver las fiestas este año?

CHANO
¡No me lo recuerde amigo!
Si supiera, ¡voto al diablo!
¡Lo que me pasa por Cristo!
se apareció el veinticuatro
Sayavedra el domador
a comprarme unos caballos:
le pedí a dieciocho reales,
le pareció de su agrado,
y ya no se habló palabra,
y ya el ajuste cerramos;
por señas que el trato se hizo
con caña y con mate amargo.

Caliéntase Sayavedra,
y con el aguardientazo
se echó atrás de su palabra,
y deshacer quiso el trato.
Me dio tal coraje amigo
que me aseguré de un palo,
y en cuanto lo descuidé
sin que pudiera estorbarlo
le acudí con cosa fresca:
sintió el golpe, se hizo el gato,
se enderezó, y ya se vino
el alfajor relumbrando:
yo quise meterle el poncho,
pero amigo quiso el diablo
trompezase en una taba,
y lueguito mi contrario
se me durmió en una pierna
que me dejó coloreando:
en esto llegó la gente
del puesto, y nos apartaron.
Se fue y me quedé caliente
sintiendo, no tanto el tajo
como el haberme impedido
ver las funciones de Mayo:
de ese día por el cual
me arrimaron un balazo,
y pelearé hasta que quede
en el suelo hecho miñangos.

Bartolomé Hidalgo. *Diálogos. Relación que hace el gaucho Ramón Contreras a Jacinto Chano, de todo lo que vio en las fiestas mayas en Buenos Aires, en el año 1822.* En *Cielitos y Diálogos Patrióticos.* Buenos Aires: Centro Editor de America Latina, 1967.

Hilario Ascasubi

Prosa del trato
entre el imprentero y yo

Esta gaceta saldrá una vez por semana, allá por el jueves o viernes, que es día de los pobres, pues la escribirá un gaucho pobre.

Ahora noches pasadas, con permiso de mi comandante, me amanecí payando en un fandango, donde me comprometí con una mocita muy donosa y seguidora a largar cada semana una gaceta gaucha, con argumentos y compuestos a favor de nuestro aquel, en la justa causa que defiende la Guardia Nacional. ¡Ah, criollos!

Esa mesma noche hubo en el baile una jugada juertaza, como que toda la mozada anda platuda, y yo, que no andaba cortao, les prendí, seguiditas siete suertes morrudas al paro; de manera que amanecí muy enrestao, y medio divertido. Me largué de allí a comprar un poncho lindo y unas botas a la moda, con borlas, que me costaron una barbaridá de plata; y al fin no me costaron nada más que haber echao suerte.

Así fue que sin recatiar largué el mono por el par de botas, y al tiro me las puse y salí a la calle, porque es la moda en esta patriada; y entre la gente de ajuera y de adentro hay muchos jefes y soldaos y paisanos que hoy se ponen las bolas así con borlas; a la cuenta echarán suertes al paro.

En fin, salí de la zapatería y me fui a buscar un imprentero para tratar por la hechura de mi gaceta: y preguntando en la Polecía me dijieron que vivía uno, de allí de la cárcel, calle arriba.

Para allá rumbié hasta que di con la casa del imprentero.

Entré por una puerta grandota, y a la zurda del zaguán estaba un cuarto abierto; y queriendo colarme en él, trompecé fiero en los umbrales de la puerta, y enredao en el poncho salí al medio del cuarto haciendo cabriolas, pero con el sombrero en la mano y dando los buenos días a un hombre de antiojos que allí estaba, y que me pareció carcamán, el cual se retobó al verme, y echando mano a un garrote me dijo a gritos:

–Oiga Ud., animal: ésta no es la pulpería para entrarse cayendo.

–Dispénseme, patrón, yo venía...

–¡Qué patrón ni qué borrico! váyase Ud. a dormirla...

–Señor, yo no vengo mamao, sino por ver si, pagándole su trabajo, me hace el cariño de mandarme aprensar.

–Vaya Ud. a que lo aprense el demonio, y le sacará un barril de aguardiente. Pronto, salga Ud. fuera.

–Bueno, bueno, patroncito, me largaré, ya que ni por plata me quiere aprensar mi gaceta de gaucho.

–¿Cómo? ¿Pues qué, Ud. quiere hacer imprimir algo?

–Mesmamente, señor.

–Si se hubiese Ud. explicado...

–Me turbé, patrón.

–Y bien ¿qué quiere Ud. mandar imprimir? ¿Un periódico?

–Cabal: acertó, patroncito.

–Pero, eso demanda gastos; ¿tiene Ud. cómo pagarlos?

–Velay, le dará su trabajo adelantao, y nos acomodaremos, alvirtiéndole que no soy mozo lechero.

Entonces eché mano a mi tirador y saqué un rollo de papeles overos-rosaos, que le largué al hombre sobre una mesa, y el Uropeo viejo abrió tamaño ojo a la mosca.

–Bueno, bueno. Se le imprimirá a Ud. su periódico; pero, para no comprometerme, necesito saber en qué género... escribirá Ud.

–¿En qué género dice? En papel.

–Sin duda: pero, no es eso: de qué materia o asunto tratará Ud. en su gaceta.

–No hablaré de materia, señor, porque me da asco, pero trataré de toda laya de asuntos.

–¿De veras?

–¡Oh! ¿y qué se ha pensao?

–¿Con que Ud. se encuentra capaz de escribir un periódico?

–Valiente, patrón: ¡pues no he de ser capaz! mire, señor, de balde me ve de facha infeliz; yo soy hombre corrido, sabido, leído y escribido, porque de charabón me agarró un flaire que confesaba a mi hermana, y me llevó al convento de San Francisco, adonde me enseñó hasta la mitá de la Bramática en latín, y el ayudar a misa; y no aprendí la Jergafría, porque le hice una juida al padre, y luego me agarraron de leva para los barcos, cuando la guerra con Portugal; y entonces me soplaron de tambor a bordo de una boleta, que la mandaba un oficial de marina criollo, patriota y guapo, medio parecido a muchos de los de hoy en día... sí, señor.

–Hombre: qué historia tendrá Ud. ¿no?

–Escuche. Pues, señor, como le iba diciendo: en la boleta salimos y anduvimos por esos mares de Cristo trajinando de corsario, hasta que nos pegó un albazo y nos agarró con barco y todo un comendante llamado Yuan das Botas, guapazo el Portugués; y ese mesmo me llevó a Portugal, y me tuvo hasta que me le escapé en otro barco y fui a dar por las tierras de Uropa en la Ingalaterra y la Francia; y por allá me aguanté como cinco años, de manera que hasta soy lenguaraz en esas lenguas. Luego de Uropa, caí a Malparaíso: de allí por la cordillera atravesé y anduve en todas las guerras del dijunto Quiroga, que esté gozando de Dios, y de ahí vine a Entrerríos, y últimamente a Buenos Aires, aonde estoy a su mandao.

–Gracias, señor literato.

–No me llamo Liberato, patrón.

–¿Y cómo se llama usté?

–¿Yo?... Aniceto Gallo.

–¿Gallo?... ¿Entonces será Ud. cantor?

–Sí, señor.

–¿Y músico?

–Rigular.

-¿Toca Ud. algún istrumento?

-Toco.

-¿De cuerda?

-Es verdá.

-¿Qué istrumento toca de cuerda?

-La campana.

-¡Diablo! es Ud. de todo punto muy agudo.

-¿Puntiagudo decía? no, señor, soy medio redondo.

-No, no. ¿Y de viento, qué istrumento toca usté?

-El organito, ese que tocan por la calle los carcamanes.

-¡El organito, eh!... Y... ¿habla Ud. algún idioma, señor Aniceto? porque eso es muy necesario para un periodista.

-El aidomia no entiendo, pero hablo en la lengua de Ingalaterra y de Francia, aunque medio champurreadito.

-Vamos a ver, pues, cómo se explica Ud. en francés.

-Como guste, patrón.

-Oiga Ud.

-Pongo el oído.

-*Dites moi, vous parlez français?*

-Güi, musiú.

-*Vous êtes Sauvage Unitarie.*

-¡Salvaje!... *A present, ne pas, musiú.*

-*Alors; vous êtes Federal?*

-¡Zape, diablo! Le dije a un gato colorado, que vino a juguetear arañándome las borlas de las botas, y me las desató.

-*Eb bien: vous êtes Federal? Dites* moi.

-*Non, musiú, rien du-tú.*

-*Mais, de quel parti êtes vous, monsieur* Gallo?

-*Musiú*: yo soy del partido de las Conchas: ¿entiende?

-*Et votre opinion politique?*

-*Musiú*: yo tengo la opinión de buen gaucho argentino; y lo demás *rien du-tú.*

-Bien: ya veo que habla Ud. en francés como ciertos elegantes que pasean por la calle del Perú.

-Puede ser, patroncito, aunque yo no presumo...

-No, no; en francés se explica Ud.: veamos ahora en inglés.

-Ésa es lengua de los diablos; pero en fin...

-Pregunto, señor Aniceto.

—Respuendo, patrón.

—*Do you speak english?*

—*Yes, Sir.*

—Will you take a glass of grog?

—*Very well:* alcance, patrón.

—*Stop. Will you take some roastbeef and plumpudding?*

—*Yes, very gut,* véngase con un bifisquete, señor.

—Sí, sí; bien lo merece Ud., porque es hombre habilísimo y capaz de ser un buen periodista. En esta confianza escriba Ud. su gaceta, y para publicarla disponga Ud. de mi tipografía.

—¡De su tripagofría!... ¡Ahora sí que me ató las bolas, patrón!

—Bueno, bueno; átese Ud. las borlas de las botas, y dele un puntapié a ese gato majadero.

—Déjelo, señor, ya me voy a largar con su licencia, para mandarle lo que escribirá. ¿No le parece?

—Bien: mande Ud. el original del prospecto.

—¿El orejonal?... ¡Barajo, qué terminacho! ¿y el otro?... Bueno, señor, le mandará eso mesmo.

—Corriente, señor Aniceto. Escriba Ud... y tenga pulso, ¿eh?

—¿Pulso?... Al que yo le largue un caracuzazo... ¡a qué le cuento más vale!... Con que, ¿será hasta mañana?

—Hasta mañana, amigo Gallo.

—Hasta mañana, señor.

Después de esta conversación me largué al cuartel; y en la cuadra mi comendante D. Camilo Rodríguez se alegró cuando me pilló escribiendo el primer número de la gaceta... ¡que allá va, caballeros!

Hilario Ascasubi. *Aniceto el Gallo. Gacetero prosista y gauchi-poeta argentino.* Volumen 30 de Biblioteca americana / ed., prólogo, notas y glosario de Jorge Luis Borges. México: Fondo de Cultura Económica, 1955.

Hilario Ascasubi

Al engaña pichanga
(fragmento)

Por la calle del Perú,
explicándose algo mal,
un inglés medio bozal
noche a noche de surtú[1]
se pasea muy formal;

y cuando de miriñaque[2]
se le zarandea Elvira,
así que el Inglés la mira
por atrás, le dice en jaque:
"¡anda... culi-di-mintira!".

Hilario Ascasubi. *Aniceto el Gallo. Gacetero prosista y gauchi-poeta argentino*. Volumen 30 de Biblioteca americana / ed., prólogo, notas y glosario de Jorge Luis Borges. México: Fondo de Cultura Económica, 1955

---

1   De surtú: vestido de frac.

2   El miriñaque era una falda amplia utilizada por las mujeres a lo largo del siglo XIX. Consistía en una estructura ligera con aros de metal que mantenía abiertas las faldas de las damas, sin necesidad de utilizar para ello las múltiples capas de las enaguas que habían utilizado hasta entonces.

Juan Bautista Alberdi

El gigante Amapolas
Peti-pieza cómica en un acto (fragmento)

La obra de Alberdi es una pieza pequeña que se adelanta a su época por su innovadora estructura escénica y sus recursos dramáticos; además, el empleo de un lenguaje coloquial que no se usaba en el discurso literario.

Conviven aquí lo cómico y lo trágico y los diálogos absurdos, y muchos creen que anticipan el nacimiento del "grotesco" como género teátral. Alberdi plantea que la oposición a Rosas es una elite dividida por su afán de poder que no puede derribar, siquiera a un gigante de utilería y deposita en la figura del pueblo un papel protagónico.

Tres generales (supuestamente los unitarios) juegan a oponerse al Gigante, y no son sino una caricatura de sus propios intereses. Durante la obra se desenmascaran las miserias de ambos bandos. Ante esta situación, son las mujeres del pueblo quienes se rebelan contra la opresión y el abuso de autoridad. En esta escena hace su aparición el Gigante y sus pobres huestes y a continuación el "enfrentamiento" con los tres generales "opositores". (N. del C.)

•••

El teatro representa un espacio abierto. A la izquierda un GIGANTE de tres varas, con un puñal de hoja de lata, de dimensión enorme, bañado en sangre. Un soldado hace la centinela. Se oye caja que toca alarma.

La esposa del Tambor le anuncia la presencia del ejército enemigo.

MARÍA: No, yo no quiero que tú mueras...

TAMBOR: Yo tampoco quiero morir.

MARÍA: Pues morirás, porque la pelea va a ser horrorosa... Yo he visto el número de los enemigos... Son muchos más que el pasto de los campos... Los van a devorar a ustedes; (*sollozando*) y tú vas a morir miserablemente, y yo de cuarenta años recién, voy a quedar viuda... y tus hijitos, ¡pobrecillos!... van a quedar huérfanos... ¡Ídolos de mi alma! ¡En el momento en que estaban tan adelantados en la caja!... ¿Quién les enseñará a tocar en adelante?

TAMBOR: ¿Dices que has visto el número de los enemigos?

MARÍA: Sí, con estos ojos.

TAMBOR: ¿Dónde y cómo?

MARÍA: En la quinta de mi tía, ayer a la tarde, los he visto formados, soy capaz de decirte hasta quién los manda, y cómo se compone el ejército.

TAMBOR: Ya, mujer de un soldado, debes saber todo eso. Vamos a ver: dime quiénes son los jefes y cómo se compone el ejército.

MARÍA: Mira, los jefes son tres: el capitán Mosquito, el teniente Guitarra, y el mayor Mentirola.

TAMBOR: ¡Cáspita! ¿Esos son los jefes? ¿Estás cierta?

MARÍA: Por esta cruz... ¡y vieses qué terrible aspecto el del capitán Mosquito!... ¡y la cara de Mentirola!...

TAMBOR: ¡Y dónde dejas al teniente Guitarra!...

MARÍA: ¡Es verdad! ¡El teniente Guitarra!... ¡Dios mío!

TAMBOR: ¿Y las divisiones?

MARÍA: Las divisiones, son tres; cada jefe manda una división.

TAMBOR: Y el general, ¿quién es?

MARÍA: No hay general.

TAMBOR: Mujer... ¿Cómo puede ser eso?

MARÍA: No hay general, porque ninguno quiere ser subalterno, y han convenido en que todos deben ser iguales.

TAMBOR: ¿De modo que todo el ejército se compone de la división Mosquito, de la división Guitarra, y de la división Mentirola?

MARÍA: ¿Y te parece poco, Francisquillo?

TAMBOR: ¿Y qué señales los distinguen?

MARÍA: Mira, cuando veas una división vestida de amarillo, di que has visto a la división Mosquito; la división Guitarra, viene de verde, y la división Mentirola, de turquí.

TAMBOR: ¿Y tienen cañones?

MARÍA: Tres, por falta de uno.

TAMBOR: ¿En qué división viene la artillería?

MARÍA: En todas. Cada división trae su artillería correspondiente.

TAMBOR: ¿Qué bandera traen?

MARÍA: También traen tres.

TAMBOR: Cada división una bandera, ¿no es esto?

MARÍA: Eso es: y traen tres escarapelas, y tres divisas, y tres causas se puede decir. De modo que en lugar de ser un solo ejército como son ustedes, se puede decir que son tres ejércitos enteros y verdaderos... tan independientes unos de otros, que muchas veces se han dado hasta de balazos entre sí.

TAMBOR: ¡Bravo!

(*Suenan tiros y cornetas en la dirección del campo enemigo*).

MARÍA: ¿Lo ves? ¡Ya están encima! (*Sollozando*). Trae esos palos. (*Le arrebata los palillos*). Yo no quiero que tú mueras; tira esa caja al diablo, y mándate mudar a tu casa a cuidar a tus hijos... (*Se retira*).

TAMBOR: ¡Mujer del diablo! ¡Trae esos palillos!

Entran los soldados oficialistas con el Gigante.

OFICIAL: Soldados, voy a proclamaros.

SOLDADO: Que nos desaten primero los pies y brazos.

OFICIAL: Para oír proclamas no se necesita de brazos ni pies.

SOLDADO: Es que los necesitamos para pelear.

OFICIAL: Tampoco se necesita pelear...

SOLDADOS: ¡Cómo!...

OFICIAL: Los enemigos no tienen necesidad de que ustedes los derroten; ellos mismos se toman ese trabajo; y ustedes nada tienen que hacer, para vencer, sino dejarse estar sin acción; con que así, todo el mundo quieto, y atención: "Hijos de la libertad, hombres que jamás habéis conocido cadenas ni ataduras...".

SOLDADO: Capitán, creo que usted se equivoca, porque todos estamos... no diré atados... pero...

OFICIAL: ¡Fuera el insolente! ¡Atrevido! ¡Calumniador! ¡Fuera de la línea! ¡Por traidor infame a la patria! ¡Hijos de la libertad! Hombres que no habéis conocido cadenas... (*Hace una pausa y mira a la cara a los soldados*). ¿Qué tal, soldados? ¿Me equivoco o hablo la verdad?

SOLDADO: La verdad, capitán. Siga, siga...

OFICIAL: Los enemigos de vuestras libertades están al frente; dentro de una hora habrán cruzado sus armas serviles con vuestras bayonetas altaneras: envidiosos de vuestra libertad y gloria, vienen a cargaros de cadenas. Enseñadles a conocer lo que valen los libres; pereced en el campo, antes que fiar vuestros brazos gloriosos a la opresión de sus bárbaras cadenas. El Gigante os guiará a la victoria... Imitad sus fatigas; haced lo que él hace y saldréis vencedores. Permaneced inmóviles como él, y triunfaréis sin duda por el generoso comedimiento de nuestros adversarios, que nunca dan que hacer a sus enemigos. ¡Soldados! ¡Viva el glorioso Gigante!

SOLDADOS: ¡Viva!

OFICIAL: ¡Viva la libertad!

SOLDADOS: ¡Viva!

(*Se oyen los toques de marcha del enemigo, que aparece*).

OFICIAL: Ahí los tenéis, soldados. Os recomiendo de nuevo la inmovilidad más completa, aprended del Gigante, que asusta a todo el mundo por el hecho solo de no hacer nada; nuestras armas son nuestras ataduras. Si queréis ser vencedores no deis un paso; los enemigos dicen que estáis muertos. ¡Pues bien! Estaos como cadáveres y vuestro aspecto los hará temblar: correrán como niños...

(*Aparecen las divisiones enemigas en tres grupos: los tres jefes se reúnen aparte*).

MOSQUITO: Señores: la batalla va a comenzar, y es necesario elegir un jefe para que la presida.

GUITARRA y MENTIROLA: ¡Nada más natural!

MOSQUITO: ¡Pues bien! ¡Vamos a elegir!

GUITARRA y MENTIROLA: Bien; vamos a elegir.

(Cada uno da un paso aparte, a un mismo tiempo).

MOSQUITO: La elección me lo llevo yo, sin duda, como más antiguo, y más guerrero.

GUITARRA: ¿Quién puede ser electo sino yo?

MENTIROLA: Ninguno de estos es capaz de mandar una compañía; si no me eligen a mí se pierde la batalla, y se pierde el país. *(Se reúnen).*

MOSQUITO: Vaya pues, procedan ustedes a elegir. Empiece usted, teniente Guitarra.

GUITARRA: No, no, empiece usted.

MOSQUITO: Vaya, que dé principio el mayor Mentirola.

MENTIROLA: Bien, yo daré principio. Nombro para general en jefe, durante la acción...

MOSQUITO *(interrumpiéndolo)*: Ya sabe usted, permita que lo interrumpa, ya sabe usted, mayor Mentirola, como hombre versado en el arte militar, que el general en jefe debe tener un aspecto imponente, una estatura pequeñita, para que se parezca a Napoleón... un nombre retumbante, y temible, verbigracia, como el de algún insecto punzante... En fin, ¿qué tengo que decir a usted?... siga usted... siga usted...

MENTIROLA: Pues, señor, nombro por mi parte para general en jefe, al teniente Guitarra.

MOSQUITO: Vamos, esto es animosidad... ¡Mire usted! ...¡El teniente Guitarra primero que a mí!... Ya comprendo... comprendo la pulla... pero yo me vengaré... Sí, sí... yo me vengaré... Veremos qué hacen sin mi apoyo...

GUITARRA: Y yo por la mía al mayor Mentirola.

MOSQUITO *(aparte)*: ¡Qué han de hacer los compadres, sino darse mutuamente la palma! *(En alta voz)*. Pues, señor, yo por la mía no nombro a nadie... no quiero batallas, ni victorias, ni nada, y me mando a mudar a mi casa. ¡División! ¡Vueltas caras, paso redoblado, marchen!...

GUITARRA y MENTIROLA: Pero, capitán Mosquito, ¿qué es lo que usted hace?

MOSQUITO: Nada, no quiero nada. Me voy; no quiero intrigas ni parcialidades.

GUITARRA: Vaya, pues ¿qué remedio hay sobre el particular?... Quiere decir que ahora quedamos los dos de generales en jefe; porque usted me ha elegido a mí y yo a usted.

MENTIROLA: Pero eso no puede ser: porque se cruzarán nuestras órdenes y nos serviremos de mutuo estorbo.

GUITARRA: ¿Qué hacemos entonces?

MENTIROLA: Bien, hagamos esto: durará la batalla un par de horas, ¿no es verdad?

GUITARRA: Así me parece.

MENTIROLA: ¡Pues bien! Mande usted en jefe la primera hora, y yo la segunda; entre los dos firmaremos el boletín de la victoria y partiremos los laureles como buenos hermanos.

GUITARRA: ¡Corriente! ¡Muy bien! ¡Me gusta! Pues señor, manos a la obra.

MENTIROLA: Teniente Guitarra: en uso de mis facultades de general en jefe, le nombro a usted ayudante de órdenes, durante la hora de mi mando... y desde luego participe usted mis órdenes a la división Guitarra para que se coloque a vanguardia.

GUITARRA: ¿A retaguardia, dijo Vuestra Excelencia?

MENTIROLA: No, a vanguardia.

GUITARRA: ¿Pero qué necesidad hay de que marchen una tras otra? ¿Por qué no las dos de frente?

MENTIROLA: Haga usted lo que le mando, o lo separo del ejército.

GUITARRA: ¿A mí?

MENTIROLA: A usted.

GUITARRA: ¡A mí! ¡Al jefe de la división Guitarra!

MENTIROLA: ¡A usted, a usted, aunque sea el jefe de la división serpentón o clarinete!

GUITARRA (aparte): Sí, comprendo bien que sus intenciones son las de separarme del ejército, y bastante me lo prueba el hecho de mandar que mi división se coloque adelante para que se la devore el cañón: ¡y de este modo el teniente Guitarra venga a quedarse sin gente, sin papel en el mundo político!... Pero se engaña, porque yo no estoy para ser el juguete de ningún intrigante, y yo soy muy capaz de mandarme mudar... Como me voy desde ahora, ¡qué caramba! Venga lo que venga: no quiero batallas, ni glorias, ni nada... ¡Me voy!...

MENTIROLA (*dirigiéndose a sus soldados*): ¡Tanto mejor para vosotros, soldados! Felicitaos de esta traición inaudita: nuestra y puramente nuestra será la gloria de vencer al canalla Gigante. La división Mentirola será la única que recoja los laureles del triunfo más espléndido que hayan visto los siglos. Vamos pues a pelear con doble audacia y doble gloria... Los siglos pasarán unos tras otros, como hormigas, y los guerreros de la posteridad dirán: ¡Ah! ¡Quién hubiese pertenecido a la división Mentirola, en la jornada memorable contra el Gigante Amapolas! ¡Ea! Formarse en hileras de fondo, para que si el Gigante nos hace un corte seis con su sable, no caiga más cabeza que la del que va adelante.

(Se forman, pero nadie quiere quedar el primero de adelante).

MENTIROLA: ¿Qué es eso, señores, qué desorden es ése?

SOLDADO: Señor, es que nadie quiere que le corten la cabeza.

MENTIROLA: Ya se ve que tienen razón; yo hallo razón a todo el que no quiere morir, y por eso soy enemigo de exponer a los soldados a riesgo de que los maten. Pero eso se remedia fácilmente. Que el soldado que esté a la cabeza, tome una caña bien larga, y colocándose a una distancia conveniente, y tocando suavemente al Gigante con el extremo de ella, examine qué demostraciones hace de vida. A ver si de este modo podemos descubrir su plan de defensa.

(El soldado toma una caña y comienza el examen. Toca ligeramente al Gigante).

MENTIROLA: ¿Qué tal? ¿Qué movimientos hace?

SOLDADO: Ninguno, señor, inmóvil como si fuese de palo.

MENTIROLA: ¡Malo, malísimo!

SOLDADO: ¿Cómo, malo, general? ¡Excelente! Eso prueba que está dormido y que debemos atacar.

MENTIROLA: Todo lo contrario... eso prueba que debemos huir... ¡No es nada el síntoma!... ¿Con que inmóvil, eh?

SOLDADO: Como un cadáver, general.

MENTIROLA (*dándose un golpe en la cabeza*): ¡Estrella fatal!... ¡Estamos perdidos!... A ver, hombre de Dios, a ver, tóquele usted un poco más recio.

SOLDADO (lo toca): Como un tronco... Yo sería capaz de apostar a que este Gigante que tanto miedo nos mete es de palo.

Juan Bautista Alberdi. *El Gigante Amapolas y sus formidables enemigos o sea fastos dramáticos de una guerra memorable* (1842). En *Obras selectas*. Buenos Aires: Librería La Facultad de Juan Roldán, 1920, T. I.

Domingo Faustino Sarmiento

Al oído de las lectoras

Nadie que no sea criatura femenina ponga sus ojos en esta parte del diario. Es un asunto reservado de que tengo que hablar con mis lectoras, y muy pelmazo ha de ser el que se ponga a oír nuestra conversación sin nuestro consentimiento. El folletín del *Progreso* ha sido mandado hacer *ex profeso* para las niñas y las viejas; y ningún barbilampiño ni barbicano haya de meterse con las cosas que son para la toaleta de aquéllas. Eso sería de una impolítica muy grosera. ¿Van ellas por ventura o leerles sus artículos de Magallanes, ni las Observaciones sobre la memoria del ministro de hacienda? ¿Ha pillado alguno a una niña leyendo alguna vez siquiera el artículo de fondo; las noticias extranjeras, sus malditas guerras americanas, sus biografías, necrologías, y demás secciones del diario? ¿Quién vio hija de madre que se ocupase de cosas de hombres?

Pues señor, déjeles lo que les pertenece, y no vaya a soplarle el folletín que no se ha hecho sino para ellas. ¡Y luego les achacan que son curiosas! Pero ello lo dicen, y razón han de tener, que para los hombres se ha hecho sino para ellas. ¡Y luego les achacan que son curiosas! Pero ellos lo dicen, y razón han de tener, que para los hombres se ha hecho todo, los folletines, los empleos, el poder, aun la naturaleza entera. Pregúntenle si no a un niño de escuela: ¿Para qué creó las estrellas y los planetas? Para que las viera él. ¿Para qué hizo bella y seductora a la mujer? Para que más le complaciera.

No hay más que leer sus libros. Cada acápite comienza con estas ostentosas palabras: Dios creó al hombre a su imagen y semejanza, aunque el que diga sea una tarasca y tonto como Chanfaina. El hombre civilizado... el hombre salvaje... el hombre globo... el hombre patata... el hombre... la mujer no entra para nada: porque es puramente invención humana, apéndice del hombre, y sólo un mueble de casa. ¡Qué dicen a estos mis relamidas lectoras! ¿Hay paciencia por oír tanto dislate y tanta pretensión desacordada? Pero mejor es callar y dejar que siga la danza, que al cabo de ellos son los que dicen, y no hay que pensar en ponerles mordaza.

Vamos a hablar de nuestras cosas, porque quiero que tengamos una conferencia privada. Aquí en confianza, al oído, se trata... de dar figurín de modas en el *Progreso*, con su explicación y demás cosas necesarias. El figurín saldrá todos los meses, principiando desde la próxima semana. Pero para introducir mejora tan estrepitosa una sola cosa nos falta. Para salir del apuro vean ustedes lo que se nos ha venido al magín. En primer lugar, decíamos, si estas niñas veleidosas, que tanto gustan de modas y folletín y dan calabazas sin qué ni para qué, se propusiesen un objeto en todas sus cosas, lo que es pedirles imposibles, les aconsejaríamos que no admitiesen cortejo ni oyesen suspiros de mozalbete alguno que no esté suscrito al *Progreso*. Este sería el medio más seguro de hacerles cargar sin que piensen en ello, con los gastos del figurín. ¿Qué cosa más justa? ¿Para qué se desvive una niña remudando vestidos y galas, si no es para que ellos caigan mejor en el garlito? Luego, pues, que el que la haga que la pague.

Tantas cosas que tengo que decirles de modas, que ya me desvivo porque llegue el momento de hacerlo. Todas han dado en usar el sombrero europeo, que por más que digan es la moda más desgraciada que se ha introducido. ¿Cómo ha de compararse ese cartucho de paja o de seda que asemeja a ojeras de jaez de coche con el antiguo gusto americano que dejaba ver por todas partes la altiva cabeza de una mujer, bella, girando en dulce y airoso movimiento sobre un blanco cuello? Y lo peor es que ni saben escogerlo. Van a casa de la modista y se encasquetan el que tiene flores más pintadas o cintas anchas y bellas. No, señora, la elección debe hacerse según y conforme. Una niña, por ejemplo, que tenga el rostro ovalado (los rostros ovalados están a la última moda en París) debe escoger un sombrero extendido por la orilla, y que deja ver la parte inferior de las mejillas. La que tenga cara redonda y no pueda deshacerse de ella, llevará un sombrero menos abierto; y si lo bajo de los carrillos es muy sobresaliente, puede disminuirse esta ligera imperfección llevando hasta cerca de la barbilla las orillas del sombrero. Un lindo cuello de garza exige que las puntas del sombrero desciendan todo lo posible, y que la extremidad del vestido llene más o menos el espacio intermediario. Si el cuello fuese cortito, entonces debe escogerse un sombrero igualmente corto, y la parte superior del vestido ni ancha ni larga.

Pero no quiero para aquí en darles buenos consejos y mostrar que entiendo mi poco en secretos de toaleta. Miren ustedes, cuando han cabido en suerte unas espaldas anchas debe hacerse el vestido de manera que sus espaldillas sean muy llenas cerca de la punta de las paletas; y tanto por detrás como por delante, debe formar pliegues oblicuos desde la punta de la espalda hasta el medio del busto.

Si sucede que la parte superior del cuerpo no fuese por delante muy prominente ¿qué se imaginan ustedes que debe hacerse? Aquí quisiera oír disputar a las petimetras. ¿Recurrir a medios ilegales? ¿No despintarse el pañuelo? Nada de eso es necesario, bastan ciertos pliegues oblicuos hacia arriba en el vestido. Omito otras muchas prevenciones que me ha hecho una maestra en la materia, contentándome con decir que las niñas altas deben llevar vestidos anchos con muchas guarniciones; las chicas una ropa menos ancha, pero tan larga como sea posible con guarniciones que no abulten.

¿Saben ustedes lo que acaba de descubrirse en París, y obtener una patente de invención para la que primero observó este hecho? Que los zapatos apretados hacen el pie ancho y el tobillo, particularmente. ¡En Francia todo es progreso, descubrimientos, ciencia!

Usan aquí nuestras elegantes diversos géneros de peinados; pero sin conocer los términos técnicos con que se distinguen. Voy a tratar científicamente la materia, para que no digan que no instruyo divirtiendo. Los diversos peinados de que usan las mujeres pueden reducirse a cinco grandes géneros, a saber: el chinesco, las papillotas, los crespos, las fajas y las trenzas o esterillas.

No hablaré del moño, pues una niña que sabe cómo debe vivir en este bajo mundo de traiciones y de enredos lo lleva tan bajo como sea posible.

El chinesco. Convienen a las niñas rosadas, gordas, frescas y un poco rubengas[1], con tal que tengan la frente alta y abierta; les da un aire de niñas, aun a aquellas a quienes ya se les ha despintado el aire de niñas. Debe usarse este peinado en largas guedejas[2] caídas hasta muy abajo sobre las mejillas.

Las papillotas. Esto sólo viene bien a los cabellos rubios, sedosos, ligeramente crespos o del todo lacios.

Los crespos. Huelen a cosa de provincia, y son en general de mal tono. Este peinado exige un semblante ingenuo. Las niñas de la capital harían mal en usarlo más allá de los veinte años confesados, lo que equivale a los treinta de la fe de bautismo.

Las trenzas o esterillas. Sientan de perlas a unos cabellos negros sobre mejillas pálidas, enfermizas, fatigadas; agravan esta tendencia hacia un aire abatido; mas poetizan las facciones y melancolizan el rostro. Las niñas que pueden llevar esterillas, son sin duda las que más muertes de hombres tienen que echarse en cara; inspiran aquellas mayor número de pasiones verdaderas que de caprichosos pasajeros; más amor profundo que ligeros sentimientos. Ni necesidad tienen las que las usan de ser hermosas. Llevan en las esterillas un signo fatal; son estas niñas tan adorables como dignas de ser

---

1   Rubias.

2   Mechón de pelo.

temidas; pueden llevar la condescendencia hasta lustrarle a uno las botas, pero por cada cepillada, le darán diez cepillazos en el pecho; embalsamarán la existencia de un hombre con su amor, pero lo envenenarán con vidrio molido. ¡Dios nos guarda de las mujeres pálidas con esterillas!

Pero es ya demasiada lección para un solo día. Cuando haya figurín, hablaremos largo. ¿Saben, lectoras mías, lo que nos piden los suscritores? Que se suspendía el folletín. ¡Y quién sabe si tendremos que condescender! Ellos son los que aflojan la mosca y es preciso tenerlos contentos. Antes de consentir en ello, sin embargo, voy a dejar mi puesto de folletinista para que meta su cuchara un aficionado, que quiere hablar a ustedes de Jorge Sand[3]. ¿Saben quién es Jorge Sand? Es un joven escritor que es madre de dos lindos hijos que anda con levita y pantalón, y que es sin embargo mujer; que ha escrito las más lindas cosas y ha sostenido con los primeros escritores de Francia polémicas furibundas. La de la gramática, la del romanticismo aquí han sido, ¡puf! Salvadas de fogueo. Aquello sí que era polémica. No le podían decir mujer, porque lo ignoraban. Desde mañana, pues, atención al folletín de nueva pluma, después y durante muchos días, la *Matea*[4] de Jorge Sand.

No llevo miras de acabar. Pero esto y no más: va a introducirse en el diario una reforma radical que le atraerá un gran número de suscritores, no obstante que ya se ha suscrito toda la gente racional y decente de Santiago[5], ¡tenemos doscientos y pico de suscritores! Vanse a cambiar las letras del título del *Progreso* y ponerse en cambio unas largas y flacas.

Domingo F. Sarmiento. "Al Oído de las Lectoras". Columna publicada en el periódico *El Progreso*, Santiago de Chile (1841). Extraído de *Obras completas*, Bs. As.: Universidad Nacional de la Matanza, 2001.

---

3   Se refiere a George Sand, seudónimo de la escritora francesa Amandine Aurore Lucile Dupin, baronesa Dudevant (1804-1876).

4   Se refiere a *Mattéa*, novela publicada en el año 1835.

5   Santiago de Chile.

Lucio V. Mansilla

Los siete platos de arroz con leche

En diciembre de 1851 el joven Lucio V. Mansilla, entonces de 20 años, llega a Buenos Aires procedente de Europa.

Su primera visita está destinada a su prima, Manuelita, la hija del Restaurador Juan Manuel de Rosas. Sabe, sin embargo, que es no solo natural sino obligatorio, saludar a su tío. Lucio sentía, además de una gran reverencia, cierto temor por el temperamento de don Juan Manuel, pero no podía eludir su obligación. Tras saludar a su prima, quedó a la espera de que su tío lo recibiera. Manuelita lo condujo a una habitación sin alfombras, donde se destacan sus baldosas relucientes. En un rincón, junto a una mesita de noche colorada, hay una cama de pino también colorada con una colcha de color damasco rojizo. En medio de la habitación hay una mesita de caoba con carpeta de paño grana entre dos sillas de esterilla, también, coloradas. Lucio recordó este encuentro en un texto memorable. (N. del C.)

•••

Yo me quedé en pie, conteniendo la respiración, como quien espera el santo advenimiento; porque aquella personalidad terrible, producía todas las emociones del cariño y del temor. Moverme, habría sido hacer ruido, y cuando se está en el santuario todo ruido es como una profanación, y aquella mansión era, en aquel entonces, para mí, algo más que un santuario.

Reinaba un profundo silencio, en mi imaginación al menos; los segundos me parecían minutos, horas los minutos. Mi tío aparece: era un hombre alto, rubio, blanco, semipálido, combinación de sangre y de bilis, un cuasi adiposo napoleónico, de gran talla, de frente perpendicular, amplia, rasa como una plancha de mármol fría, lo mismo que sus concepciones; de cejas no muy guarnecidas; poco arqueadas, de movilidad difícil; de mirada fuerte, templada por lo azul de una pupila casi perdida por lo tenue del matiz, dentro de unas órbitas escondidas en concavidades insondables; de nariz grande, afilada y correcta, tirando más al griego que al romano; de labios delgados, casi cerrados, como dando la medida de su reserva, de la firmeza de sus resoluciones; sin pelo de barba, perfectamente afeitado, de modo que el juego de sus músculos era perceptible... Agregad a esto una apostura fácil, recto el busto, abiertas las espaldas, sin esfuerzo estudiado, una cierta corpulencia del que toma su *embonpoint*, un traje que consistía en un chaquetón de paño azul, en un chaleco colorado, en unos pantalones azules también; *añadid* unos cuellos altos, puntiagudos, nítidos y unas manos perfectas como formas, y todo limpio hasta la pulcritud –y todavía sentid y ved, entre una sonrisa que no llega a ser tierna, siendo afectuosa, un timbre de voz simpático hasta la seducción– y tendréis la vera efigies del hombre que más poder ha tenido en América

Así que mi tío entró, yo hice lo que habría hecho en mi primera edad: crucé los brazos y le dije, empleando la fórmula patriarcal, la misma, mismísima que empleaba con mi padre, hasta que pasó a mejor vida:

–La bendición, mi tío.

Y él me contestó:

–¡Dios lo haga bueno, sobrino!

Sentóse incontinenti en la cama, que antes he dicho había en la estancia, cuya cama (la estoy viendo), siendo muy alta, no permitía que sus pies tocaran en el suelo, e insinuándome que me sentara en la silla que estaba al lado.

Nos sentamos... Hubo un momento de pausa, que él interrumpió, diciéndome:

—Sobrino, estoy muy contento de usted...

Es de advertir que era buen signo que Rosas tratara de usted; porque cuando de tú trataba, quería decir que no estaba contento de su interlocutor, o por alguna circunstancia del momento fingía no estarlo.

Yo me encogí de hombros, como todo aquél que no entiende el por qué de su contentamiento.

—Sí, pues —agregó—, estoy muy contento de usted (y esto lo decía balanceando las piernas que no alcanzaban al suelo, como ya lo dije), porque me han dicho —y yo había llegado recién el día antes. ¡Qué buena no sería su policía!— que usted no ha vuelto agringado.

Yo había vuelto vestido a la francesa, eso sí, pero potro americano hasta la médula de los huesos todavía, y echando unos ternos que era cosa de taparse las orejas

Yo estaba ufano. No había vuelto agringado. Era la opinión de mi tío.

—¿Y cuánto tiempo ha estado usted ausente? —agregó él. Lo sabía perfectamente. Había estado resentido; no, mejor es la palabra "enojado", porque diz que me habían mandado a viajar sin consultarlo. Comedia.

Cuando mi padre resolvió que me fuera a leer en otra parte el Contrato Social, veinte días seguidos estuve yendo a Palermo sin conseguir verlo a mi ilustre tío.

Manuelita me decía, con su sonrisa siempre cariñosa:

—Dice tatita que mañana te recibirá.

El barco que salía para Calcuta estaba pronto. Sólo me esperaba a mí. Hubo que empezar a pagarle estadías. Al fin mi padre se amostazó y dijo:

—Si esta tarde no consigues despedirte de tu tío, mañana te irás de todos modos; ya esto no se puede aguantar.

Mas esa tarde sucedió la que las anteriores: mi tío no me recibió. Y al día siguiente yo estaba singlando con rumbo a los hiperbóreos mares.

Sí, el hombre se había enojado; porque, algunos días después, con motivo de un empeño o consulta que tuvo que hacerle mi madre, él le arguyó:

—Y yo, ¿qué tengo que hacer con eso? ¿Para qué me meten a mí en sus cosas? ¿No lo han mandado al muchacho a viajar, sin decirme nada?

A lo cual mi madre observó:

—Pero, tatita (era la hermana menor y lo trataba así), si ha venido veinte días seguidos a pedirte la bendición, y no lo has recibido —replicando él:

—Hubiera venido veintiuno.

Lo repito: él sabía perfectamente que iban a hacer dos años que yo me había marchado, porque su memoria era excelente. Pero, entre sus muchas manías, tenía la de hacerse el zonzo y la de querer hacer zonzos a los demás. El miedo, la adulación, la ignorancia, el cansancio, la costumbre, todo conspiraba en favor suyo, y él en contra de sí mismo.

No se acabarían de contar las infinitas anécdotas de este complicado personaje, señor de vidas, famas y haciendas, que hasta en el destierro hizo alarde de sus excentricidades. Yo tengo una inmensa colección de ellas. Baste por hoy la que estoy contando.

Interrogado, como dejé dicho, contesté:

—Van a hacer dos años, mi tío.

Me miró y me dijo:

—¿Has visto mi Mensaje?

—¿Su Mensaje? —dije yo para mis adentros. ¿Y qué será esto? No puedo decir que no, ni puedo decir que sí, ni puedo decir qué es... y me quedé suspenso.

Él, entonces, sin esperar mi respuesta, agregó:

Baldomero García, Eduardo Lahite y Lorenzo Torres dicen que ellos lo han hecho. Es una botaratada. Porque así, dándoles los datos, como yo se los he dado a ellos, cualquiera hace un Mensaje. Está muy bueno, ha durado varios días la lectura en la sala. ¿Qué? ¿No te han hablado en tu casa de eso?

Cuando yo oí lectura, empecé a colegir, y como desde niño he preferido la verdad a la mentira (ahora mismo no miento sino cuando la verdad puede hacerme pasar por cínico), repuse instantáneamente:

–¡Pero, mi tío, si recién he llegado ayer!

–¡Ah!, es cierto; Pues no has leído una cosa muy interesante; ahora vas a ver –y esto diciendo, se levantó, salió y me dejó solo.

Yo me quedé clavado en la silla, y así como quien medio entiende (vivía en un mundo de pensamientos tan raros), vislumbré que aquello sería algo como el discurso de la reina Victoria al Parlamento, ¿pues, qué otra explicación podría encontrarle a aquel "ahora vas a ver"?

Volvió el hombre que, en vísperas de perder su poderío, así perdía el tiempo con un muchacho insubstancial, trayendo en la mano un mamotreto enorme.

Acomodó simétricamente los candeleros, me insinuó que me sentara en una de las dos sillas que se miraban, se colocó delante de una de ellas de pie, y empezó a leer desde la carátula, que rezaba así:

–¡Viva la Confederación Argentina!

–¡Mueran los Salvajes Unitarios!.

–¡Muera el loco traidor, salvaje Unitario Urquiza!

Y siguió hasta el fin de la página, leyendo hasta la fecha 1851, pronunciando la ce, la zeta, la ve y be, todas las letras, con la afectación de un purista.

Y continuó así, deteniéndose de vez en cuando, para ponerme en aprietos gramaticales con preguntas como éstas –que yo satisfacía bastante bien, porque, eso sí, he sido regularmente humanista, desde chiquito, debido a cierto humanista, don Juan Sierra, hombre excelente, del que conservo afectuoso recuerdo.

–Y aquí, ¿por qué habré puesto punto y coma, o dos puntos, o punto final?

Por ese tenor iban las preguntas, cuando, interrumpiendo la lectura, preguntóme:

–¿Tiene hambre?

Ya lo creo que había de tener; eran las doce de la noche y había rehusado un asiento en la mesa al lado del doctor Vélez Sarsfield, porque en casa me esperaban...

–Sí –contesté resueltamente.

-Pues voy a hacer que te traigan un platito de arroz con leche.

El arroz con leche era famoso en Palermo, y aunque no lo hubiera sido, mi apetito lo era; de modo que empecé a sentir esa sensación de agua en la boca, ante el prospecto que se me presentaba de un platito que debía ser un platazo, según el estilo criollo y de la casa.

Mi tío fué a la puerta de la pieza contigua, la abrió y dijo:

-Que traigan a Lucio un platito de arroz con leche.

La lectura siguió.

Un momento después, Manuelita misma se presentó con un enorme plato sopero de arroz con leche, me lo puso por delante y se fué.

Me lo comí de un sorbo. Me sirvieron otro, con preguntas y respuestas por el estilo de las apuntadas, y otro, y otros, hasta que yo dije: -Ya, para mí, es suficiente.

Me había hinchado; ya tenía la consabida cavidad solevantada y tirante como caja de guerra templada; pero no hubo más; siguieron los platos, yo comía maquinalmente, obedecía a una fuerza superior a mi voluntad...

La lectura continuaba.

Si se busca el Mensaje ése, por algún lector incrédulo o curioso, se hallará en él el período que comienza de esta manera: "El Brasil, en tan punzante situación". Aquí fuí interrogado, preguntándoseme:

-¿Y por qué habré puesto punzante?

` Como el poeta pensé, que en mi vida me he visto en tal aprieto. Me expliqué. No aceptaron mi explicación. Y con una retórica gauchesca, mi tío me rectificó, demostrándome cómo el Brasil lo había estado picaneando, hasta que él había perdido la paciencia, rehusándose a firmar un tratado que había hecho el general Guido... Ya yo tenía la cabeza como un bombo, y lo otro tan duro, que no sé cómo aguantaba.

Él, satisfecho de mi embarazo, que lo era por activa y por pasiva, y poniéndome el mamotreto en las manos, me dijo, despidiéndome:

-Bueno, sobrino, vaya nomás y acabe de leer eso en su casa -agregando en voz más alta-: Manuelita, Lucio se va.

Manuelita se presentó, me miró con una cara que decía afectuosamente: "Dios nos dé paciencia" y me acompañó hasta el corredor, que quedaba del lado del palenque, donde estaba mi caballo.

Eran las tres de la mañana.

En mi casa estaban inquietos, me habían mandado buscar con un ordenanza.

Llegué sin saber cómo no reventé en el camino.

Mis padres no se habían recogido.

Mi madre me reprochó mi tardanza con ternura. Me excusé diciendo que había estado ocupado con mi tío.

Mi padre, que, mientras yo hablaba con mi madre, se paseaba meditabundo viendo el mamotreto que tenía debajo del brazo, me dijo:

–¿Qué libro es ése?

–Es el Mensaje que me ha estado leyendo mi tío...

–¿Leyéndotelo?

Y esto diciendo, se encaró con mi madre y prorrumpió con visible desesperación

–¡No te digo que está loco tu hermano!

Mi madre se echó a llorar.

• • •

Años más tarde, el general Mansilla y su hijo Lucio, visitan a Rosas su destierro de Southampton. Un día, mientras el general y Manuelita están de sobremesa, el joven Lucio va a entretener a su anciano tío que está sentado solo, en una salita próxima. Ambos callan, observándose muy al disimulo. Rosas habla al fin. (N. del C.)

• • •

–¿En qué piensa, sobrino?

–En nada, señor.

–No, no es cierto; estaba pensando en algo.

–No, señor. ¡Si no pensaba en nada!

–Bueno, si no pensaba en nada cuando le hablé, ahora está pensando ya.

–¡Si no pensaba en nada, mi tío!

–Si adivino, ¿me va a decir la verdad?

Me fascinaba esa mirada que leía en el fondo de mi conciencia, y maquinalmente, porque habría querido seguir negando, contesté:

–Sí.

–Bueno –repuso él–, ¿a que estaba pensando en aquellos platitos de arroz con leche, que le hice comer en Palermo, pocos días antes de que el "loco" (el loco era Urquiza) llegara a Buenos Aires?

Y no me dio tiempo para contestarle, porque prosiguió:

–¿A que cuando llegó a su casa a deshoras, su padre (e hizo con el pulgar y la mano cerrada una indicación hacia el comedor) le dijo a Agustinita: ¿no te digo que tu hermano está loco?

No pude negar, queriendo; estaba bajo la influencia del magnetismo de la verdad, y contesté, sonriéndome:

–Es cierto. .

Mi tío se echó a reír burlescamente.

Lucio V. Mansilla, *Los siete platos de arroz con leche*. Buenos Aires, EUDEBA, 1963

Lucio V. Mansilla

Doscientos cincuenta apretones de manos (fragmento)

A mediados del año 1870, Lucio Mansilla, en su condición de comandante de la frontera contra los indios que tenía su centro en Río Cuarto, Córdoba, viajó a Leuvucó donde se asentaban las tolderías de los ranqueles, para negociar un tratado de paz. Ese viaje quedó plasmado en un relato magistral que aún hoy merece una lectura detenida: *Una excursión a los indios ranqueles*. Contemporáneo de Sarmiento y de Roca, y formado en el glamour de la sociedad francesa, este "dandy", al contrario de sus amigos, expone una larga invitación a la tolerancia, no exenta, por cierto, de algo de paternalismo. Su reseña deja en claro que el exterminio y despojo de los pueblos nativos no era imperativo histórico. Mansilla queda fascinado por la pampa, lo que entonces se conocía como Tierra Adentro, y a pesar de su convencimiento de la superioridad de la "cultura occidental", no deja de reconocer el inmenso vagage cultural de los pueblos originarios. Tanto que en algún momento llega a expresar: "Yo he aprendido más de mi tierra yendo a los indios ranqueles, que en diez años de despestañarme...". El fragmento extraído pertenece al capítulo 16 del libro y narra el primer encuentro con las tribus de los ranqueles, donde son sometidos a un particular ritual que Mansilla desgrana con su gracia y delicada pluma. (N. del C.)

Por algunos indios sueltos que llegaron, supe que el cacique Ramón no estaba en su toldo, sino que se hallaba allí cerca, dentro del monte; que Mora ya estaba con él, que se hacían los preparativos para recibirme.

Detrás de éstos llegó un propio, y después de hablar con Bustos, me dijo éste:

–Amigo, haga formar su gente y dígame cuántos son.

Llamé al Mayor Lemlenyi, y le di mis órdenes.

Cumplidas éstas, le dije a Bustos:

–Somos cuatro oficiales, once soldados, dos frailes y yo.

–Bueno, amigo, déjelos así formados en ala como están.

Y dirigiéndose al propio, le dijo: entre otras cosas, *Mari purrá wentrú*, palabras que comprendí y que querían decir dieciocho hombres.

Mientras mi gente permanecía formada, mis tropillas andaban solas. Yo estaba con el Jesús en la boca, viendo la hora en que me dejaban con los caballos montados.

Bustos despachó de regreso al propio.

Siguiendo sus insinuaciones al pie de la letra, primero, porque no había otro remedio; segundo... Aquí se me viene a las mientes un cuento de cierto personaje, que queriendo explicar por qué no había hecho una cosa, dijo:

"No lo hice, primero, porque no me dio la gana, segundo...". Al oír esta razón, uno de los presentes le interrumpió diciendo: "Después de haber oído lo primero, es excusado lo demás".

Iba a decir que siguiendo las insinuaciones de Bustos, me puse en marcha con mi falange formada en ala, yendo yo al frente, entre los dos frailes.

Anduvimos como unos mil metros, en dirección al monte donde se hallaba el cacique Ramón.

Llegó otro propio, habló con Bustos, y contramarchamos al punto de partida.

Esta evolución se repitió dos veces más.

Como se hiciera fastidiosa, le dije a Bustos, sin disimular mi mal humor.

–Amigo; ya me estoy cansando de que jueguen conmigo. Si sigue esta farsa mando al diablo a todos y me vuelvo a mi tierra.

-Tenga paciencia -me dijo-, son las costumbres. Ramón es buen hombre, ahora lo va a conocer. Lo que hay es que están contando su gente bien.

Oyéronse toques de corneta.

Era el cacique Ramón que salía del bosque, como con ciento cincuenta indios.

A unos mil metros de donde yo estaba formado en ala, el grupo hizo alto; tocaron llamada, y se replegaron a él todos los otros que habían quedado a mi espalda, excepto el de Caniupán, que formó en ala, como cubriéndome la retaguardia.

Tocaron marcha, y formaron en batalla.

Serían como doscientos cincuenta. Un indio seguido de tres trompas que tocaban a degüello recorría la línea de un extremo a otro en un soberbio caballo picazo, proclamándola.

Era el cacique Ramón.

Llegaron dos indios y mi lenguaraz, diciéndome que avanzara. Y Bustos, haciendo que los franciscanos me siguieran como a ocho pasos, se puso a mi izquierda, diciéndome:

-Vamos,

Marchamos.

Llegamos a unos cien metros del centro de la línea de los indios, al frente de la cual se hallaba el cacique teniendo un trompa a cada lado, otro a retaguardia.

Caniupán me seguía como a doscientos metros.

Reinaba un profundo silencio.

Hicimos alto.

Oyose un solo grito prolongado que hizo estremecer la tierra, y convergiendo las dos alas de la línea que teníamos al frente, formando rápidamente un círculo, dentro del cual quedamos encerrados, viendo brillar las dagas relucientes de las largas lanzas adornadas de pintados penachos, como cuando amenazan una carga a fondo.

Mi sangre se heló...

Estos bárbaros van a sacrificarnos, me dije...

Reaccioné de mi primera impresión, y mirando a los míos: Que nos maten matando -les hice comprender con la elocuencia muda del silencio.

Aquel instante fue solemnísimo.

Otro grito prolongado volvió a hacer retemblar la tierra.

Las cornetas tocaron a degüello...

No hubo nada.

Lo miré a Bustos como diciéndole:

—¿De qué se trata?

—Un momento —contestó.

Tocaron marcha.

Bustos me dijo:

—Salude a los indios primero, amigo, después saludará al cacique.

Y haciendo de cicerone, empezó la ceremonia por el primer indio del ala izquierda que había cerrado el círculo.

Consistía ésta en un fuerte apretón de manos, y en un grito, en una especie de hurra dado por cada uno de los indios que iba saludando, en medio de un coro de otros gritos que no se interrumpían, articulados abriendo la boca y golpeándosela con la palma de la mano.

Los frailes, los pobres franciscanos, y todo el resto de mi comitiva hacían lo mismo.

Aquello era una batahola infernal.

¡Imagínate, Santiago amigo, cómo estarían mis muñecas después de haber dado unos doscientos cincuenta apretones de mano!

Terminado el saludo de la turbamulta, saludé al cacique, dándole un apretón de manos y un abrazo, que recibió con visible desconfianza de una puñalada, pues, sacándome el cuerpo, se echó sobre el anca del caballo.

El abrazo fue saludado con gritos, dianas y vítores al coronel Mansilla.

Yo contesté:

—¡Viva el cacique Ramón! ¡Viva el Presidente de la República! ¡Vivan los indios argentinos!

Lucio V. Mansilla. *Una excursión a los indios ranqueles*. Buenos Aires: Editorial Jackson, 1944, (capítulo XVI, tomo primero).

José Hernández

Martín Fierro

Martín Fierro se encuentra con unos amigos en una pulpería y aprovecha para mostrar sus dotes de cantor e improvisador. (N. del C.)

•••

Riunidos al pericón
tantos amigos hallé,
que alegre de verme entre ellos
esa noche me apedé.

Como nunca en la ocasión
por peliar me dio la tranca,
y la emprendí con un negro
que trujo una negra en ancas.

Al ver llegar la morena,
que no hacía caso de naides,
le dije con la mamúa:
–"Va... ca... yendo gente al baile".

La negra entendió la cosa
y no tardó en contestarme,
mirándome como a perro:

-"Más vaca será su madre".

Y dentró al baile muy tiesa,
con más cola que una zorra,
haciendo blanquiar los dientes
lo mesmo que mazamorra:

-"Negra linda" -dije yo-.
"Me gusta... pa la carona".

José Hernández

La vuelta de Martín Fierro
(fragmento)

Dice el refrán que en la tropa
nunca falta un güey corneta,
uno que estaba en la puerta
le pegó el grito ay no más:
"Tabernáculo... qué bruto,
un tubérculo, dirás".

Al verse ansí interrumpido
al punto dijo el cantor:
"No me parece ocasión
de meterse los de ajuera,
tabernáculo, señor,
le decía la culandrera".

El de ajuera repitió
dándole otro chaguarazo:
"Allá va un nuevo bolazo,
copo y se la gano en puerta:
A las mujeres que curan
se las llama curanderas".

No es bueno, dijo el cantor,
muchas manos en un plato,

y diré al que ese barato
ha tomao de entremetido,
que no créia haber venido
a hablar entre liberatos.

José Hernández. *El gaucho Martín Fierro* (primera parte, 1872) y *La vuelta de Martín Fierro* (segunda parte, 1879).

Godofredo Daireaux

El hombre
que hacía llover

Don Benito era un pobre gaucho muy dado a la bebida. No tenía campo, ni hacienda, ni ganas de tenerlos, y bien podía haber sequía o crecidas, para él era lo mismo, pues, cuando donde se hallaba las cosas andaban mal, echaba por delante los zainos y se mandaba mudar a otros pagos.

La sempiterna conversación de los hacendados sobre la lluvia y el buen tiempo lo tenía fastidiado, y si algún vasco ovejero le preguntaba si, a su parecer, pronto tendrían agua, solía contestar que, con tal que no faltase la caña, no había por qué afligirse.

Una noche volvía a su guarida medio bamboleándose en el caballo, cuando, a la claridad de la luna, vio relucir en el pasto un objeto desconocido. Se apeó, lo alzó, lo miró, lo echó en el bolsillo del saco, y volvió a subir en el macarrón.

Hacía como dos meses que no llovía; el cielo estaba más despejado que nunca, y cosa rara, mientras alzaba el objeto y lo miraba rápidamente, se lo ponía en el bolsillo y volvía a montar, llovió un rato. Cesó de llover, volvió a caer agua y paró otra vez.

–¡Oh! –pensó el gaucho–. ¿Qué será esto? ¡Y moja esta agüita!... Lindo para el campo; le gustará a los vascos.

Y se fue; llegó al rancho, desensilló y colocando en una mesa el hallazgo, durmió como una piedra.

Al día siguiente, ya algo compuesto, volvió a mirar el objeto con más atención y pensó que debía de ser una de esas cosas como había visto en una estancia, para hacer llover: mómetro, barómetro[1], no se acordaba bien.

—Y así es, no más, de fijo —murmuraba don Benito, acordándose que cuando lo encontró cayeron dos aguaceritos, cortitos, pero tupido uno de ellos.

Éste debía ser de los buenos. Los hay que sólo sirven —según dicen— para marcar el tiempo que hace y el calor que hay; pero no hacen llover; y con tiritar o sudar y mirar el cielo, ya uno lo sabe todo; éste era otra cosa.

Para probarlo, salió al patio con la prenda. Era una tablita de metal, angosta y larga, con tubito de vidrio en el medio, lleno de un líquido que, al menor movimiento, iba y venía.

Don Benito la tenía horizontalmente en la palma de la mano y la miraba con mucha atención, sin encontrarle nada de particular; sólo que en vez de tener como la que antes había visto, rayas y números, no tenía más que una muesquita en una de las puntas.

De un movimiento brusco la enderezó poniendo la muesca abajo, y en seguida empezó a llover a cántaros. Sorprendido por el agua, corrió al rancho, llevando ya horizontalmente la tablita, y antes que llegase a la puerta, que estaba cerquita, ya no llovía.

—¡Caramba! —exclamó.

Y volviendo a salir, enderezó otra vez la tablita, siempre con la muesca por abajo, y volvió a llover; la puso después con la muesca para arriba, y no solamente dejó de llover, sino que empezó a soplar un viento que todo lo secaba, mientras el sol se ponía ardiente; la colocó por fin en la palma de la mano, y el día se hizo apacible, primaveral. Hizo entonces con la tablita todos los movimientos posibles, y pudo comprobar que según ellos, o se desencadenaban los elementos y llovía torrencialmente, o llovía despacio, o dejaba de llover y soplaba el viento con suavidad o con violencia. Y el gaucho se divirtió un gran rato con mover la tablita, ora despacio, ora bruscamente, por un lado y por otro, poniéndola de repente en las posiciones más contra-

---

1 Manómetro, barómetro.

rias, de modo que toda la vecindad, y esto es un radio de cincuenta leguas de pampa, más o menos, habría podido caer, de seguir el juego, que los elementos se habían vuelto locos y que estaba ya cercano el fin del mundo. Todos los trabajos habían quedado suspendidos, no sabiendo ya la gente asustada qué hacer ni qué pensar.

Por suerte duró poco, pues don Benito, bien enterado ya del poder extraordinario de la tablita de metal que tan casualmente había encontrado, pensó que algo más tenía que hacer con ella que divertirse, y resolvió ver si podía sacar para sí algún provecho de esas benéficas lluvias de que a cada rato solían decir todos que eran patacones y que, según parecía, podría distribuir a su antojo.

Guardó en el bolsillo del saco la tablita, y se fue para la pulpería. Allí, entre dos copas, empezó a asegurar con convicción que toda la noche llovería. Un hacendado contestó que sería muy bueno, pero que, a pesar de los aguaceritos imprevistos que habían caído aquella mañana, el tiempo no anunciaba agua.

–Pues yo le digo –porfió don Benito– que va a llover toda la noche.

–No va a llover nada –insistió el otro.

–¡Cien pesos a que llueve! –gritó don Benito.

–¿De dónde saca los cien? –le preguntaron.

–Respondo con mi tropilla, señor. Y por lo demás, va a llover; ¿no le digo?

–¡Me gusta el hombre! –exclamó el estanciero–. Parece que fuera Dios. Bueno: ¡pago, por los cien!

Y viéndose ya rico, pasó todo el día gastando en copas y en convidadas algo de lo que consideraba ya ganado.

A la oración, a pesar de no haber ni señas de tormenta, pidió con toda seriedad una bolsa y se fue a tapar el recado en medio de las risas de los presentes. Pensaba, una vez en el patio y lejos de toda mirada indiscreta, sacar del bolsillo la tablita despacio, levantarla con precaución, para que primero viniese mansa el agua, y colgarla después en alguna pared, para que siguiese lloviendo fuerte hasta la madrugada, en que ya podría ir a cobrar los cien pesos.

Pues, no si alguna emoción, la mano en el bolsillo del saco. ¡Nada!... no estaba la tablita. Quedó tieso; y busca que te busca, ¡nada! ¿Habría saltado del bolsillo a la venida? Don Benito no se acordaba muy bien si, desde entonces, la había sentido o no en el saco. Lo cierto es que no estaba y que en ninguna parte la podía encontrar. Se fue al rancho sin decir nada a nadie, y al día siguiente se mandó a mudar, prefiriendo que lo tratasen en ausencia de cualquier cosa, antes que entregar la tropilla, lo único que poseía. Se fue lejos; galopó leguas y leguas, y por todas las regiones que iba cruzando parecía llevar consigo la sequía. Y debió ser así, pero no sabía don Benito a qué atribuirlo, cuando un día, al descolgar el saco para ponérselo, lo dejó caer entre una silla y la pared, y en seguida empezó a llover.

Sorprendido por ese aguacero tan repentino, no pudo menos que pensar que era producido por el misterioso talismán; alzó con precaución el saco, y cesó el agua; tanteó entonces por todas partes, recorriendo con la mano las costuras, y acabó por descubrir la tablita entre el forro y el paño. Al caer el saco, medio detenido por la silla, se había puesto pajarada y había llovido; al alzarlo, había vuelto a su posición horizontal y había cesado la lluvia. ¡Lo que son las cosas!

Don Benito, por supuesto, se alegró mucho de hallarse otra vez en posesión de la preciosa tablita, y quiso primero que todo el vecindario estuviese de parabienes; pero sea que fuese hombre de poco tino –lo mismo, por lo demás, que sus desconocidos antecesores–, sea que los habitantes de la llanura fueran en aquel entonces unos majaderos, nunca supo contentarlos.

Nada más fácil, al parecer, que regar con moderación la tierra cada vez que lo necesita. Pues, señor, nunca acertaba.

Habiendo oído que, juntos, se quejaban por falta de agua, un agricultor y un estanciero, y deseoso de servirles, por ser buena gente, que siempre lo convidaba, colocó don Benito, sin decirles nada, su tablita de hacer llover con la muesca para abajo, y la dejó así dos días y dos noches. Llovió, naturalmente, una barbaridad; y después de haber vuelto a poner horizontalmente la tablita, se fue a la pulpería para gozar de la satisfacción de sus protegidos. Pero salió el del trigo con mil improperios contra el encargado de hacer llover, que nunca sabía lo que hacía, que echaba a perder los trigales con diluvios después de haberlos dejado caer, mientras que el hacendado hacía una mueca de desprecio por la poco agua que, según él, había caído.

Don Benito, durante un tiempo, hizo todo lo posible por contentar a todos, pero pronto vio que no era posible: el que estaba cosechando lino gritaba por una gota de agua que, por casualidad, cayera en su campo; el que tenía maíz sembrado clamaba, después del aguacero, por no haber tenido también aquella gota; el hacendado hubiera querido agua cada dos días en las lomas de su campo, sin que se mojasen los bajos. Los dueños de alfalfares siempre lloraban por agua, y cuando se daba, nunca dejaba alguno de ellos de maldecirla por estar justamente a punto de segar o de emparvar.

Lo más lindo era que ni con sus propios caprichos salía bien don Benito. Habiendo el pulpero organizado para el domingo unas grandes carreras, don Benito, siempre escaso de peso, le pidió algo prestado, el día antes; el comerciante se lo negó. Don Benito se fue para su rancho, enojado, y al llegar, colgó la tablita con la muesca para abajo. Llovió toda la noche y todo el día siguiente; por supuesto, no hubo carreras, y el lunes se fue a la pulpería el gaucho para gozar, calladita, del éxito de su travesura. Cuando entró, oyó que el pulpero a quien pensaba haber perjudicado tanto, exclamaba contentísimo:

–¡Agua rica, que me ha salvado las cien cuadras de maíz que tengo sembradas en el puesto del Catalán!

Don Benito, renegado, resolvió desde entonces dejar entregada a sus más locas fantasías de borracho el patas abajo; de repente armaba una sequía bárbara; de repente hacía llover a cántaros. Pero, asimismo, al fin y al cabo, las quejas y las congratulaciones eran las mismas que antes.

Un día, con la "mamada", se le ocurrió dar a todos un chasco, que quedase en la memoria de los hombres. Anunció en la pulpería, como si fuese profeta, un gran diluvio. Fue a su rancho, colgó en un rinconcito muy oscuro y muy escondido la tablita de metal, con la muesca para abajo, cerró la puerta y se fue a sesenta leguas de allí.

Llovió en toda la comarca, fuerte y parejo, todo el día y toda la noche, y siguió, sin parar, días y noches, fuerte y parejo.

Los campos, en su mayor parte, estaban anegados, las haciendas no cabían en las lomas, y empezaban a morir. La situación era desesperante.

Pero del exceso del mal salió la salvación. El misterioso personaje que había perdido la tablita de hacer llover, andaba como loco por la rampa, buscándola.

Cuando supo del diluvio aquél, no tardó en sospechar lo que pasaba. Tomó secretamente sus informes. La desaparición de don Benito, después de su profecía, no dejó de llamarle la atención. Fue al puesto del gaucho, lo registró con ojo certero, y no tardó ni dos minutos en encontrar, colgadita en la pared, con la muesca para abajo, su tan buscada tablita de hacer llover. La descolgó, le dio vuelta despacito y poco a poco la colocó al revés. Cesó el agua, sopló el viento, brilló el sol, y empezaron a respirar los pobres estancieros.

Don Benito, justamente calculando que ya había durado bastante su amable chanza, se había puesto en viaje para venir a dar vuelta a la tablita. Cuando llegó a la comarca que tan bien había regado, extrañó ver que no llovía más y que, con el soplo del pampero, se empezaba ya a secar el campo. Enderezó para su rancho; pero tenía que vadear un arroyito, y el arroyito, por su culpa, se había vuelto un río, y don Benito, en un remolino, fue volteado del caballo, arrollado por las olas, y tragando en una sola vez más agua de lo que en toda su vida había tomado de caña, se ahogó.

Desde entonces, han tenido buen cuidado los encargados del manejo de las nubes, de no extraviar más sus tablitas de hacer llover; y si, de vez en cuando, por el modo con que molestan a los hacendados y agricultores, parecen haberse vuelto, ellos mismos, un poco locos y hasta perversos, a veces, sólo es que sufren ligeros descuidos o que ceden, sin pensar, a los pequeños caprichos y fantasías tan comunes y tan excusables, por lo demás, entre gente de gobierno.

(Este texto pertenece al libro *Tipos y paisajes criollos*, Biblioteca de la Nación, Buenos Aires, 1913).

Godofredo Daireaux

Pesquisa

–¡Patrón!, en ninguna parte se puede encontrar la colorada, y el ternero ha vuelto solo, como de lo de don Ignacio; para mí, han aprovechado la siesta y nos han pegado malón.

–¡Oh! ¿Habrán sido capaces? Sería como un asesinato. Que carneen una vaca cualquiera, un novillo, se comprende; ¡pero elegir una lechera, y ésa, sobre todo, que demasiado saben ellos cómo la queremos aquí, tan mansa, tan buena! Y a más, sería sólo para hacer daño, pues estaba flaca la vaca.

–Cierto, señor. Pero así es esa gente.

–¡Caramba!... ¿y qué les hago?

–Patrón, la comisión está en Los Galpones. ¿Por qué no lo ve al oficial? Quizá podrían hacer algo.

–¿Está? ¡Lindo, entonces! Hágame ensillar el zaino[1].

Y media hora después, don Luis Casalla llegaba a la estancia de Los Galpones, donde encontró una comisión que hacía su recorrida mensual en los establecimientos del partido. Cuando llegó, el oficial, vestido de particular, tomaba el último mate de manos del sargento, esperando que el ayudante acabara de ensillarle el caballo.

---

1   Caballo o yegua de color castaño oscuro.

El estanciero no era para el oficial un desconocido; éste siempre había sido muy bien recibido en el establecimiento, en sus recorridas, y nunca había faltado en la estancia algún mancarrón ajeno para sus milicos, cuando llegaban con los caballos cansados. Don Luis le contó el caso.

Era algo tarde ya, y el oficial le manifestó que, a pesar de su buena voluntad, no podía ir allá derecho.

–Pero no importa –le dijo–. Vuelva usted a su casa para no darles sospechas, y, a la madrugadita, nos viene a buscar a La Barrancosa, donde haremos noche. El puesto queda cerca y los agarramos sin perros.

Así fue; y aunque las noches, en esa estación, sean cortas, don Luis Casalla se apeaba en el palenque de La Barrancosa, antes que los gallos hubieran acabado de modular la primera copla del estridente cántico con el cual suelen despertar al sol.

En su parecer era, con todo, mucho, el tiempo perdido, y mucho más le hubiera gustado poder, el día anterior, aunque hubiera sido de noche, caer como bomba sobre la cueva de esos malhechores, encerrarlos en su madriguera, machos, hembras y cría, y buscar en los alrededores los rastros del delito... del crimen, pensaba él, pues el amor que todos, en su casa –mujer, niños y servidores–, profesaban a esa lechera, casi la elevaban al rango de miembro de la familia.

Casi iba, sin quererlo, hasta juntar en su mente las ideas de madriguera, de bichos dañinos y de incendio; pero más que todo, renegaba, entre sí, con el maldito: "¡Mañana!", al cual, sin embargo, se sabía demasiado atener, él también, cuando se trataba de intereses ajenos.

La comisión se alistó, y, poco después, salían los cuatro, dirigiéndose al galopito hacia un rancho bajo, que en la luz tenue de la madrugada, casi no se podía distinguir entre los juncales.

Cuando todavía estaban a unas diez cuadras del puesto, oyeron el ruido de un carro que se alejaba ligero, chapaleando sus caballos entre los charcos de agua que todavía quedaban, restos de la última crecida, en las partes más bajas de las cañadas, y al cabo de un rato, vieron destacarse en una loma, ya alumbrada por los primeros rayos del sol naciente, la silueta de un hombre alto, parado en el carro, acompañando con el cuerpo las sacudidas del vehículo, como acompañan los marineros, afirmados en sus fuertes y flexibles piernas, el continuo vaivén del navío.

–¡Diablos! –dijo el oficial–. ¿Quién será éste?

–Es Valentín, el panadero de San Antonio –contestó don Luis.

–Malo, ¡con estos panaderos y mercachifles! Son para nosotros, como los teros para el cazador, y como compran los cueros robados, tienen que ayudar a tapar los robos.

Y dándose vuelta, le dijo al sargento:

–Mira, Zamudio: pégale una al picaso[2], a ver si alcanzas el carro; lo revisas, y si tiene algún cuero, te lo traes a lo de Ignacio, con carrero y todo.

–Está medio lerdo el picaso –contestó Zamudio.

Y fuera que el picaso no hubiera comido bien en La Barrancosa, fuera que las ganas con que andaba el sargento no tuvieran espuelas, lo cierto es que el carro había tenido tiempo de llegar a la casa de negocio y de ser desensillado, antes que Zamudio, llenando, con todo, su cometido, lo revisase en el patio, por mera forma, después de tomar la mañana, amablemente ofrecida por el pulpero.

Mientras tanto, el oficial, tomando la delantera, se presentaba en el rancho, la diestra arrogantemente asentada en el cabo plateado del rebenque, y, después de un "Ave María" medio seco, se apeaba con don Luis y el milico, entre media docena de perros que los miraban de rabo de ojo, erizando el pelo y enseñando colmillos amenazadores, a pesar de los gritos de: "¡Fuera, fuera!" que les dirigían todos los miembros de la familia, mujeres viejas y jóvenes, muchachos y niños, y de los rebencazos que hacía el ademán de sacudirles el respetable patriarcal jefe de toda esa chusma.

–¿Don Ignacio Ramírez? –preguntó el oficial.

---

2   Animal de pelo oscuro con un brillo especial, distinto de los oscuros propiamente dicho o de los cervunos. Puede tener la punta de las patas manchadas de blanco o una lista blanca en la frente.

–Para servir a usted –contestó el viejo con una mirada tan inocente, un semblante tan humilde, una voz tan suave, que le hubieran podido dar, con toda confianza y antes de oírlo más, o la santa comunión, por impecable, o cien palos, por cachafaz.

–Ábrame ese cuarto –dijo el oficial.

–Pase usted adelante, señor. Y usted, don Luis, ¿qué hace? –y don Ignacio abrió la puerta, detrás de la cual colgaba un cuarto de carne de vaca.

–¿De dónde sacó esa carne?

Una de mis vaquitas, señor, que he carneado hace unos días. Somos tanta familia; los capones no hacen cuenta.

–Esta es carne de ayer –dijo el oficial–. ¿Dónde está el cuero?

–Ya lo vendí, señor. Somos pobres, y no podemos esperar que suban los precios.

–¿Y la cabeza, dónde está?

–Por allá, señor; se tiró. ¿Quién sabe?... ¡con esos muchachos! ¡Manuelito! ¡Felipe! ¿Dónde está la cabeza de la vaca que carneamos el otro día?

Los muchachos se acercaron. Descalzos, vestidos con una camisita toda rota y unos pantalones cortos, atados por un solo tirador y dos botones, la melena enredada como berenjenal, fijaron en el padre la mirada, a la vez atrevida y humilde, muy serios, mientras el oficial repetía la pregunta con una pequeña variación.

–¿Dónde está la cabeza de la lechera que mataron ayer?

El viejo no enmendó la pregunta para no turbar en la memoria de los muchachos la lección de antemano dictada, y el mayorcito de ellos contestó:

–Felipe me tiró con ella, y yo entonces la tiré en el jahüel[3].

–¡Caramba! –dijo el padre; y agregó, ya seguro del éxito final–: Miren, señores: yo creo que están sospechando de mí, algo; hacen mal, no soy ningún ladrón. La casa está a su disposición y la pueden registrar.

Y, levantando los colchones de un catre, abriendo un baúl viejo, colocado en un rincón, hizo con énfasis todos los ade-

---

3 Abrevadero artificial para el ganado. Pozo. Represa.

manes de exagerada franqueza del hombre que sabe que ya no le pueden pillar.

Al rato, viendo inútil la pesquisa, se retiraron el oficial, don Luis y el soldado, cuando justamente volvía Zamudio, con el ojo chispeante, el buche lleno, y bien lastrado con una tajada de un suculento queso de chancho. Declaró al superior que no había visto nada sospechoso; y don Luis -agradeciendo, pidiendo disculpa, y rabiando- se fue para su casa.

Con todo, Ignacio Ramírez pensó que el susto había sido grande, que, sin Valentín, quedaban mal, y que, con don Luis, era mejor no meterse.

Godofredo Daireaux. *Tipos y paisajes criollos,* Buenos Aires: Biblioteca de la Nación, 1913.

Pastor Obligado

Mucho por nada
(Crónica del año de la Revolución)

1

La otra tarde pasaba una negra vieja, pero muy vieja, cargada de años y achuras, con un sucio atado de las mismas, y mendrugos, y virutas sobre las motas que sus muchos años blanqueaban, por el mentidero público, cuando al resbalar en una cáscara de naranja, cayó la infeliz largo a largo, midiendo con su flaca humanidad el umbral, sobre el que los desocupados de toda hora, así cortan sayas como arañan honras de cuantas pasan.

El negrito que camina con las rodillas, permanente en la puerta de la Confitería del Águila, se agachó a levantarla, pero como dos marinos de tierra, perpetuamente anclados en aquel apostadero, y un otro oficial de caballería a pie, trataran de hacer lo mismo, este amontonamiento enredóse de tal manera, que no pudo impedir se empujaran unos con otros, cayendo sobre ellos otros tantos pasantes de la vereda a la hora que más pasan.

Atravesaron el jardín de enfrente, sin flores, que en veinte varas cuadradas exhibe más que cultiva Dordoni, y ya el grupo primitivo de cinco, diez, veinte personas, seguía aumentándose y creciendo y rebalsando el arroyo, sin saber los de atrás, últimamente llegados, qué había sucedido a los primerizos, ni lo que significaba tal enmarañamiento de negros y blancos, hombres y mujeres, civiles y militares, entre gritos y confusión.

Y como en los tiempos que corren se vive con el Jesús en la boca, pues sin aviso previo se mete el tiempo en agua o en revuelta, sonó el pito del vigilante en la esquina, repitió la señal de alarma el gallo de la otra cuadra, pitó el de más allá, y por las cuatro bocacalles viéronse correr hacia el mismo punto vigilantes y particulares, preguntando azorados a la vez: "¿Qué hay? ¿Qué hay?", sin que se atinara a responder. El grupo iba engrosando, alargándose y prolongando la cola, aumentada por la obstrucción de "tramways" entrecruzados (calle Cangallo y Florida), sin poder seguir, cuando uno de los vendementiras gateando bajo las piernas de la multitud compacta, sofocado y jadeante salió precipitadamente contando a los más alejados:

–¡No es nada! La tía Marica que pasaba cargada de astillas para calentar el puchero de los negritos que tiene en su rancho del Paseo Colón está furiosa, porque al resbalar se le ha roto el pito.

–Si en esta tierra no gana uno para sustos –decía un extranjero de encendida nariz color coñac, de los que siempre andan denigrando al país en que enriquecen...

Y el grupo crecía, y se arremolinaba, viéndose venir a mata caballo, en dirección del Retiro, al oficial de policía que saltando en el mismo, al tirar su cigarro recién encendido, murmuraba:

–Maldito oficio éste, que ni tiempo deja para encender el pucho, cuando ya está la revolución de vuelta.

Llegaba por el opuesto extremo otro oficial de esos que siempre llegan cuando se acaba de acabar todo sucedido, gritando muy apurado:

–A ver, a ver: ¡paso a la autoridad!

Al oír "autoridad", por la de sí mismo el pueblo soberano más se encrespaba, atropellándose, y como en oleadas humanas, condensábase o se dilataba en pequeño grupo primitivo, no ya de veinte o cuarenta, sino de ochenta o doscientas personas, empinándose los de más atrás, sin conseguir averiguar mejor que los inmediatos el motivo de tal confusión, atropello y gritería.

La hora, el lugar, la situación, los estudiantes del "Instituto Libre", demasiado libres en esa calle, que parece estudiaran en la misma por lo mucho que la frecuentan, y los no jóvenes del Club Político de la vuelta, los vendedores de sustos o mentiras, de flores y de cuanto se vende o no se vende en las cuatro esquinas, larga cola y muy larga, añadían al numeroso grupo petrificado sobre los umbrales de la Confitería del Águila, y más compacta y apiñada sin poder penetrarla, ni conseguir saber lo que había o no había.

Gritos y exclamaciones por todas partes; la gangolina subía y crecía de diapasón, percibiéndose apenas los ecos: "¿Qué hay?", "¡No es nada!", "¡Ya lo agarraron!", sin poder nadie darse cuenta de la verdad, tan lejos se estaba del principio...

A la otra cuadra se comentaba:

–¡No es nada! ¡Si es una negra vieja que resbaló en una cáscara de naranja, con su atado de desperdicios llevados para sus negritos! Parece una merienda de negros.

–No insulte –contestó un negro muy *currutaco*[1] y encopetado que pasaba–, pues los blancos lo hacen peor.

Pero como el cierra-puertas se propalaba por toda la calle al oír el estrépito con que cerrábanse las de la susodicha Confitería, y ruido como de cañones resonando hacia la calle adyacente producido por la "artillería de Bollini", en retirada, y el timbre de la comisaría inmediata seguía pidiendo auxilio, se divisó al confín de la calle y a paso de carga, un piquete de bomberos con el activo coronel Calaza a la cabeza, de quien se cuenta duerme sólo con un ojo y con la mano en la manguera.

Allá por la Plaza del Retiro hablábase de pedir fuerzas a Palermo. Los más asustados asomaban a las barrancas, observando si la escuadra había cambiado de fondeadero, o ido a echar anclas en Chivilcoy, como en otra ocasión leímos en la pizarra de la Bolsa de Liverpool.

En el Departamento Central de Policía se repetían los toques de alarma, reconcentrando allí todos los vigilantes de las comisarías.

---

1 Presumido.

2

Y entre explicaciones mal dadas y comentarios adulterados y exageraciones aumentadas, disputas de cívicos y radicales que a pretexto de cualquier cosa se enciende el fuego cuando está el aire impregnado de materias inflamables, seguía y proseguía aumentando aquella larga cola, sin cabeza.

Los más flojos de los pasantes corrieron a guardar el sustazo en casita, mientras que los más guapos –cuando no ven peligro– gritaban:

–¡Revolución! ¡Revolución! ¡Ya se armó la gorda! ¡Que se aten los calzones, ladronazos politiqueros!

–¡Hasta cuándo hemos de vivir en perpetua revolución! –exclamaban–. ¡Si esto no es vivir!

Todos gritaban a un tiempo, hormigueaban y *gangolineaban*; y unos porque nada sabían, y otros porque sabían demasiado, el tumulto continuaba, oyéndose en los grupos más lejanos diversas exclamaciones:

–¡Parece que es una bomba de dinamita que ha reventado! –dijo uno.

–¡Es un revolucionario que ha muerto a tres de un revés! –agregó otro.

–¡No es nada! Si es una negra vieja que llevaba para sus negritos...

En esto se oyó en el confín de la calle, al boletinero:

–¡Ultima hora! ¡Revolución en la calle Florida! ... ¡Boletín con el suceso ocurrido en la Confitería del Águila! ... ¡Revolución!

–A ver, muchacho: ¿Qué llevas ahí? *trai pa cá* esos papeles; ¿por qué gritas "revolución"? –decía, y procedía el vigilante de más tonada, rompiendo los boletines, a tiempo que dos ingleses que venían de la bolsa, comentaban entre sí, el porqué había subido el oro quinientos por ciento.

Y el tumulto inexplicable crecía y seguía y la cola se aumentaba, mientras los bomberos aseguraban mangueras en las boca-mangas del agua corriente.

Una hora no había pasado del malhadado resbalón de la negra vieja Marica, cuando distintos eran sus comentarios en apartados barrios de la ciudad.

Como al través de inmenso vidrio de aumento en anteojo de larga, pero de muy larga vista, que reprodujera en gigantescas proporciones lo que lejano descubre, el primitivo grupo, tropezón de los cinco en la puerta de la Confitería del Águila, creíase en el Retiro; bomba estallada en Palermo; motín del Cuartel en el Rosario; revolución en la Capital (vista desde Mendoza) y derrocamiento del gobierno, oído desde Londres, cuya Bolsa tiene largo oído para hacer subir hasta quinientos el cambio de oro, según las vibraciones eléctricas que hasta allí llegan.

En la Casa Rosada, el Intendente Don Manolito mandó trancar las puertas y ventanas, menos para impedir entrasen los imaginarios revolucionarios que para evitar saliera el Presidente a la calle, ni sus ministros, dispuestos a morir al pie de una silla que no ambicionaron.

En la casa de enfrente[2], el diputado general Mansilla con su vehemente impetuosidad, al oír la queja que exponía un boletinero:

–¿En qué país estamos? –exclamó–. ¿En qué tiempos vivimos, señores diputados? ¿Por qué se coarta así la libertad de la prensa, y se impide la circulación de la palabra impresa? ¿No blasonamos ser apóstoles de la libertad? ¡Muramos por ella, y con ella! Hago moción previa para que interpele al ministerio, con qué derecho agentes de policía se permiten secuestrar boletines que circulan por las calles...

De Rosario llegó un telegrama al diario más mentiroso de esta capital:

"¿Digan qué hay? Aquí corre que una negra bomba ha caído en el umbral de la Confitería del Aguila".

Poco después, otro de Mendoza:

"¡Listos! He mandado encender la máquina, nos ponemos ya en marcha. Parece que el movimiento revolucionario que ha asomado en la calle Florida, tiene ramificaciones en Santa Fe, Corrientes y Santiago. Aquí todos los amigos están prontos para concurrir a la primera seña".

¡Mucho por nada, y todo porque al pasar una negra vieja con su atado de astillas y virutas para calentar el puchero

---

2   Congreso de la Nación.

de sus negritos en el bajo de Colón, resbaló en una cáscara de naranja!

Y chorros de agua, y cargas de caballería, y vigilantes a todo escape, para deshacer el grupo primitivo en que enredáronse sobre una negra caída, muchachos y marinos, caballeros y reporteros, pasantes y espectadores, formando enmarañamiento tal, que vigilantes, sargentos e inspectores, comisarios, oficiales y bomberos no pudieron desenredar, aumentando la inacabable gangolinería de "¡No es nada!, ¡No es nada!", y recién después de ímprobo trabajo consiguióse apaciguar el tumulto.

En momentos de sobresaltos, de intranquilidad intermitente, cuántas ocasiones los vende-mentiras, alarmistas y politiqueros, creen ver una tempestad dentro de una tetera...

Pastor Obligado. *Tradiciones de Buenos Aires.* Buenos Aires: Eudeba, 1964.

Eugenio Cambaceres

High-life

A las dos de la mañana, el *high-life* se manda mudar a su casa en todas partes donde se cuecen habas; pero, según parece, para nuestro *high-life*, es de *high-life* hacer las cosas al revés del *high-life*.

El *high-life*, entre nosotros, no asoma las narices a los bailes sino a las dos de la mañana.

Aguardemos, pues, a que suene la hora de rigor, vamos al Club del Progreso y veamos lo que allí pasa.

Muchas mujeres, muchos hombres, ellas disfrazadas, y por lo común disfrazadas de *caches*[1], sin gusto, sin elegancia ni riqueza; trapos viejos de que echan mano para la ocasión, o trapos nuevos de a cinco pesos la vara.

Ellos sin careta, pero disfrazados también, disfrazados de conquistadores.

J'en ai été et je n'y connais.

Viejo o joven, casado o soltero, lindo o feo, de cien, no hay uno que, contemplando su efigie delante del espejo, no exclame: *ab imo pectore*:

"¡Quien sabe si de esta hecha no saco yo también el vientre de mal año!".

---

1   Falto de gusto, cursi, mal vestido con pretensión de elegancia.

Y eso que es más fácil encontrarse un medio en la puerta de una escuela, como dicen, que sacar el vientre de mal año en un baile de máscaras.

¡En la perra vida!

¿Gracias, espíritu, travesura, chispa?

Que me las claven en la frente: ni mucha, ni poca. Demos de barato, dejando a un lado, la lista de sandeces con que debuta una máscara al acercarse a usted. Aquello de: "¿Me conocés, che? ¿Cómo está tu mama? ¿Dónde has dejado a tu mujer? ¡Sinvergüenza, cascote!", etc., etc.

Basta con recordar aquí lo que he visto reproducirse más de una vez en el Club.

Por las inmediaciones de la orquesta (y cuidado que en éste el punto más estratégico, el lugar donde más abunda la pesca en aquel charco humano), pasan su noche en blanco, a plancha corrida, sin una dejada de la mano de Dios que les diga ni tampoco, ¡por ahí se pudran! Carilargos, y a trueque de desarticularse los carrillos Miguel Cané, Lucio V. López, Manuel Láinez, Roque Sáenz Peña y otros más de la cosecha, mientras cuanto tilingo, cuanto badulaque pulula en los salones, se ve buscando como a pleito, perseguido y acosado por las dichosas mascaritas, como un terrón de azúcar por un puñado de moscas.

Dime con quién andas... El hecho no necesita comentarios.

Si nos situáramos junto a la puerta de comunicación entre los dos salones de baile, y nos tomáramos la molestia de echar los ojos, encontraríamos, a todo, objetos curiosísimos de estudio. Pero, para eso se necesitan dos cosas: tiempo, que tengo, y paciencia, que no tengo.

¿Cómo resistir, sin embargo, a la tentación de despuntar el vicio levantando un pedazo de la camisa a un par de tipos, entre los más campanudos de los socios del Club?

Díganlo, sino, en presencia de ese que, si no fuera uno de los hombres de más talento, sería el más insoportable fatuo de los hijos de esta tierra.

Sin una arruga ni una mancha en la ropa irreprochablemente ajustada a las formas de su cuerpo, perfectamente calzado de cabeza, pies y manos, gasta mucho más de lo que se necesita para ser lo que se llama un hombre bien vestido y, sin embargo, no lo es; absolutamente no.

La falta para ello, lo que no se compra ni al sastre, ni al sombrerero, ni al zapatero; eso que los franceses expresan con tres palabras que no tienen traducción: *comme il faut*, don supremo de la naturaleza que no se adquiere, sino se nace con él: aunque la mona, etcétera.

Mira usted el *paletot*², por ejemplo, de este caballero, en la vidriera del sastre y exclama:

—¡Lindo, bonito género, bien cortado! Pero se lo ve después al cliente y el pantalón hace salir de quicio al *paletot* que desdice, desentona, chilla y se transforma en vestimenta de tendero estacionado el domingo bajo el atrio de la catedral, a la salida de misa de una.

Encarga el buen señor sus camisas a *Longueville* o a *Leleu* y le llegan, naturalmente, camisas como saben hacerlas *Leleu* y *Longueville*.

¿Piensan ustedes, por ventura, que le luce el gasto? Piensan mal; no falta en una percha del armario alguna condena corbata blanca con que se acicala su dueño, a las tres de la tarde, para ir a informar *in voce*; o un juego de botones brillantes que convierten la obra de *Leleu* en grosera confección.

En suma, puede opinarse de él que es un señor prendido de siete alfileres; un hombre elegante, nunca.

He dicho que tiene inteligencia y lo repito, una inteligencia de las más nutridas, lo que no obsta a que haya hecho *long feu*, lo que traducido en romance, tanto quiere decir como que se le ha salido el tiro por la culata.

Mareado por sus triunfos escolásticos, festejado, mimado, endiosado cuando estudiantito, primero, cuando abogadito, después, creyó que la República era la Universidad o el Foro; el campo se le hizo orégano y, sin tantear previamente la resistencia de sus corvas, quiso, de un salto, atrapar la luna con los dientes.

Le sucedió, naturalmente, lo que debía sucederle: se vino debajo de cabeza sacudiéndose un porrazo tan feroz que ha quedado, el infeliz, inválido para toda la siega.

---

2 Abrigo largo.

Es que, para ser buen abogado, mi querido doctor, basta saber derecho y tener honradez, cualidades que me complazco en reconocer a usted, mientras que para ser hombre público, esa es harina de otro costal; se requiere fatalmente lo que tenía Adolfo Alsina, lo que tiene Aristóbulo del Valle: cabeza, corazón y calzones.

Usted no ha hecho carrera en política porque le faltan los dos últimos atributos, amén de algo que se encuentra hasta en los brutos, de una cosa muy trivial, pero muy sustanciosa; la salsa con que se condimentan estos platos: sentido práctico, de que usted también carece de la manera más lastimosa.

Si así no fuera, no habría pretendido jamás y, mucho menos, a deshoras, ser *dandy* y tenorio y gobernador y presidente, para lo que no le da el distinguido o miembro conspicuo de la Suprema Corte, que es la meta de la que nunca debió usted haber apartado la vista, si hubiese comprendido sus intereses y héchose cargo de dónde le apretaba el zapato.

Pastelero a tus pasteles.

Habría llegado usted a ser una de las primeras lustraciones jurídicas de América, mientras que hoy, por entrar con el paso cambiado, por haberse querido meter a bailar *galop*[3] en el fandango de la vida, en vez de atenerse a la tranquila y reposada contradanza, baile mucho más en armonía con las constituciones pobres de sangre como la suya, se ha pelado usted la frente contra el mueble de la opinión pública y, como esos cohetes que, mal endilgados, se chingan contra el arco de la Recoba Vieja en un 25 de Mayo, no pasa usted también de ser un hombre completamente chingado.

Perdón y a otro.

Alto, de macizo cuello y constitución apoplética, se exhibe en los salones, con un aire de quijotesca importancia que mueve a risa, uno de los miembros más sobresalientes de la asociación.

Su andar que, por cierto, no se ajusta al ritmo de la lira, a pesar de un saca-la-cadera *sui generis*, de cierto movimiento cadencioso especial, me ha hecho acordar siempre el tranco

---

3 Galop, paso de caballo más rápido. Es una versión acortada del término original *galoppade,*

de esos caballos chilenos bichocos, a los que no les va quedando sino las posturas.

-¡Pero, señor! ¿Por qué caminará este hombre así? He solido decirme muchas veces, hasta que, intrigado de veras, se lo pregunté un día a una de mis amigas, bachillera en chismografía:

-Usted que sabe tanto, le dije, ¿a que no sabe por qué fulano camina como camina?

-¡Mire qué gracia! Se apresuró a contestarme, ¿por qué? Porque fulano data de los tiempos de la bota de charol con caña de tafilete colorado, en que los mozos seducían a las muchachas por los pies; porque los pies de fulano han sido siempre muy grandes y muy feos, porque para rebajárselos y suprimirse los juanetes, cuentas las crónicas que se los fajaba primero y los introducía después en un par de botas tan apretadas, que no ha conseguido el desgraciado, hasta la fecha, curarse del regimiento de callos, uñeras y gavilanes que se le criaron en las épocas de su mocedad; porque ya ha pisado los sesenta; porque le queda poco juego en las coyunturas, y porque, a pesar de todo, la tira aún de hombre capaz de hacer una avería y procura, como es natural, echar un remiendo a los derrumbes de la vejez que lo invade a paso de trote.

Ya ve usted qué sencilla es la explicación del por qué fulano camina como camina.

-Es usted un libro abierto, dije a mi amiga: un *bijou* de mujercita.

Todos en este mundo tenemos nuestro lado flaco; el lado flaco de mi nombre estriba, modestamente, en conceptuarse el ideal de los presidentes del club, habidos y por haber.

Dirigir una asamblea; echar, de pie, su bravo discursete, dando cuenta del estado de la asociación; anunciar que se va a proceder a la elección de los miembros que han de integrar la Comisión Directiva, fallando como juez inapelable, en caso de empate; instalarse en una de las mesas de comedor a saborear una sopa de ostras en conserva, última palabra de la ciencia, *chic* supremo, según él, de la química culinaria, por más que al bestia de Savarin[4] no se le ocurra nombrarla, ni en broma; hacer su solemne aparición en una noche de baile, vestido de punta en blanco, con toda paquetería y dispensando, a diestra o siniestra, miradas de soberana protección como un monarca en su corte; acercarse a una dama de campanillas y dar con ella una vuelta por los salones para que todo el mundo lo sepa, lo mire y lo admire; hacer alarde de su buen gusto, del que, desde luego, puedo ofrecer a usted un *spécimen* en los dichosos faroles del balcón, etc., etc.; brillar, en una palabra, lucirse, descollar como hombre de mundo y caballero de gran tono, ahí le duele, ése es su débil.

Apuesto y no pierdo a que si le dan a elegir entre la Presidencia de la República y la del Club, opta sin titubear por la segunda.

Cada loco con su tema y, *meno male*, como dicen los italianos, que al fin y al postre, éste no perjudica a nadie con el suyo.

Bueno, por otra parte, digno, honrado, caballero, aunque no muy mano abierta, que se diga, es uno de esos seres perfectamente inofensivos que uno no puede conocer sin querer y sin estimar.

Cruza los salones y los vuelve a cruzar, va y viene, en continuo movimiento como la ardilla, con dos máscaras colgadas de los brazos ya acaso otras dos de los faldones, el artista más popular del teatro nacional.

Es lo que llamaré, si ustedes me lo permiten, un antiguo joven.

Antiguo porque pasan de sesenta y cinco los mil ochocientos y tantos que han recorrido el calendario, desde que vio la luz hasta la fecha.

Joven, porque, a pesar de su edad, nada en él ha envejecido, ni su carácter, ni sus ideas, ni sus costumbres ni su corazón sensible siempre a los hechizos femeninos, ni aun su cutis, que conserva fresco y terso, como el de una doncella de quince primaveras.

¿Y las barbas?

---

4 Brillat-Savarin, autor de un libro clásico: *Fisiología del gusto*

Poco a poco; había previsto la objeción y la refuto victoriosamente.

Eso es un *genre* de hombre *blasé*, una coquetería.

Lo de las mujeres coloradas y rojillas que beben vinagre para ponerse pálidas y hacerse las lánguidas y las interesantes.

Y si no, ¿qué le costaría pasarse la navaja?

Sin ser un buen mozo, muy lejos de eso, ha sido un hombre de buena fortuna lo que se explica; vivo, audaz, generoso y discreto, reunía muchas de las condiciones exigidas para hacer carrera con las hijas de Eva.

He dicho discreto y me aferro en lo dicho, por más que esto semeje paradoja. Si ustedes tienen relación con él, aunque sea simple relación de calle o de club, más de una vez les ha de haber tocado formar parte del corrillo donde mi hombre toma la palabra y lleva la batuta para contar sus campañas amorosas, para hacer la crónica de sus aventuras galantes.

Buenos Aires en la época de Rosas, Montevideo y el Buceo de los tiempos de Oribe, ése ha sido, según él, el más vasto teatro de sus hazañas.

Es allí donde todas sin excepción, lindas y feas, casadas y solteras, cayeron a millones bajo el filo de su formidable tizona.

Es allí, en una palabra, donde tembló el misterio del amor.

Todo esto él lo dice y lo repite al que se lo quiere oír, lo cuenta y lo recuenta saboreando con inefable delicia los dulces recuerdos de la edad de oro de su vida.

Pero, ¿a que nunca lo han pillado ustedes sin perros?

¿A que no lo han visto, ni aun arrastrado por el fuego de la improvisación, cometer una imprudencia, hacer una ilusión, dar un indicio que pueda haberles hecho suponer que se trataba de ésta, de aquella, o de la de más allá?

Cuenta el milagro, sin jamás nombrar al santo, y es esto cabalmente lo que se llama discreción o la lengua de Cervantes no sabe lo que dice.

No obstante, oigo exclamar a ustedes, si es su amigo aconséjele que no se gaste ni se prodigue así; que antes de hablar eche de ver con quién habla y, sobre todo, que es más cuerdo y más sesudo reservar ciertas cosas para el seno de la intimidad, que andarlas publicando a cuatro vientos, en son de trompas, pitos y tambores, bajo pena de que la chuza del ridículo llegue a hincarle a uno las carnes. *D'accord, mais que ovules-vous?*

No todos son como el que aprendió griego a los sesenta años.

Cuando de viejo cojea uno de un pie, se muere con la cojera y no hay remedio.

Convengan conmigo, sin embargo, en que la cosa por sí misma no vale un pito y que bien se puede perdonar ciertos ligeros defectillos de vanidad, en presencia de todas las dotes que constituyen la forma y el fondo de un completo caballero.

Después de haber andado como bola sin manija, comiendo el pan amargo, o, como decía el señor Frías, el desabrido asado sin sal del destierro, transportó sus penantes a Buenos Aires un tipo notable por la nobleza de sus sentimientos, por la firmeza e integridad de su carácter, por su extraordinario talento y por su fealdad más extraordinaria aún.

Durante los años de feliz memoria, en que las vistas cortas y estrechas de un patriotismo miope, nos mantuvo acorralados entre el Arroyo del Medio y el Salado, desempeñó su bravo papelón de *bagattellier di cartello*, contribuyendo eficazmente de la exhibición de la indecente farsa que hubo de dar el traste con la trasijada individualidad política que se llama República Argentina.

Pluma filosa y acerada, diarista camorrero y buscapleitos, supo mantenerse firme en la brecha de la vida pública asestando, a diestra y siniestra, cada mandoble que cantaba el credo.

Prosista y versificador mediocre de la escuela romántica, solía depositar en las gradas del Parnaso sus ofrendas literarias perfumadas a la violeta como los jabones de *Pinaud*, todo lo cual no le impedía dedicar sus ratos de ocio a los deleites vedados y pedir, de vez en cuando, sus baratos a Cupido, especialidad en la que llegó a adquirir una reputación colosal.

¿La mercería, era efectivamente hombre de buenas boladas, como quien dice, capaz de un doblete a tiempo?

Por mi parte, declaro que no me consta la pujanza de su acto, no habiéndole visto hacer en su vida sino un solo zopetón, zopetón que Dios me perdone, mucho me huele a *zapallada*.

Mas, tengo para mí que al público le acontecía otro tanto y que las *mentadas* proezas del nuevo Lovelace eran, ni más ni menos, como esos *canards* que inventa un pillo, repite un necio, corren, después de boca en boca y, sin que nadie se tome el trabajo de averiguar su procedencia, pasan al fin por las tragaderas públicas como una carta por el buzón.

Sea de ello lo que fuere, el caso es que llegó a infundir un miedo tan serval, que mujer en quien clavaba los anteojos era mujer al agua y que, al menos arisco de los maridos, le temblaban las carnes y se le atajaba el resuello, cuando la suya llegaba a cometer el desacato de cambiar los buenos días con tan peligroso personaje.

Astro brillante y luminoso, apareció en el horizonte con la caída de la tiranía, describió sus elipses por el firmamento durante la segregación de Buenos Aires y se eclipsó con la jornada de Pavón.

Hoy reposa tranquilamente bajo la sombra de sus laureles, vegeta encerrado en la crisálida de la vida privada y hace bien: vivimos en una época en que las luces malas, las alarmas en pena y las viudas, aunque gasten zancos, son cucos que no asustan sino a los zonzos.

Conténtese con ser un sujeto digno de todo aprecio, abogado que sabe poco derecho, y defiende muchos pleitos, suscriptor a cuanto diario se imprime en Buenos Aires, por la sencilla razón de que cabra tira al monte, y parroquiano infaltable del Club del Progreso, donde llueva o truene, cae a eso de las once de la noche, para echar, con algún otro de los pocos que van quedando, su infalible partida de *bésigue*, por la cena, es decir, por el *beefteak* con papas fritas, que noche a noche se sirve entre la una y las dos de la mañana.

La rígida uniformidad de este sistema de vida no se altera sino tres veces por año: en Mayo, en Julio y en carnaval.

Et pour preuve: ahí lo tienen ustedes quemando sus últimos cartuchos sobre un sofá del salón de los retratos.

Acérquense, si quieren y oirán un mortífero tiroteo, un espantoso fuego graneado de *ampullae et sesquipedalia verba*, con que brega por herir, a boca de jarro, las fibras sensibles de la máscara que lo escucha.

¡Pregunten ustedes para qué, si es pura boca, según dicen las malas lenguas!

Es nacido en tierra extraña pero hijo de padres nacionales.

Habiendo revelado desde chiquito las más brillantes disposiciones y un hermoso desarrollo de... su musculatura, sus maestros aconsejaron a su tata que lo consagrara a las armas.

No a esos aparatos bárbaros y peligrosos que pinchan, cortan y agujeran sino a esas beneméritas herramientas de progreso, cuyas bocas vomitan tan solo chorros abundantes de agua fría: hicieron de él un *sapeur pompier*, al brillo de cuya noble y azarosa profesión, contribuyó con todo el de su bronceado casco.

Mientras sus compañeros denodados luchaban, palmo a palmo, con el luctuoso elemento, expuesto a reventar de humazo como los ratones, asados como un churrasco o, cuando menos, a que un lienzo de pared se les cayera encima del alma, él, impertérrito, se aguantaba inconmovible en su puesto de honor y de peligro: montaba las guardias en el cuartel.

Arrojado por su estrella a las playas argentinas, en este eterno vaivén de la existencia, como el hado adverso arroja al peregrino o el jardinero trasplanta el alcornoque, quedó esterilizado para siempre el noble esfuerzo de su vida, hecha añicos su carrera, tronchado su grandioso porvenir.

Es decir, se hizo rematador de las diez de la mañana a las cuatro de la tarde y reo de estupros y violaciones a todas horas del día y de la noche.

Por si ustedes no lo conocen, estas son sus señas: alto, pie muy chico y muy bonito, piernas un poco bastante cambadas, cuerpo correcto, su cutis tiene toda la suavidad y el color de la crema a la vainilla, su rostro es anguloso, su cabello castaño-claro, sus ojos pequeños, su mirada entre cretina y picaresca, la nariz considerable y, por fin, de la boca nada puedo informar a ustedes, por encontrarse herméticamente tapada con un par de monumentales bigotazos que quedaban muy bien en un bombero, pegan muy mal en un dandy y estarían perfectamente en la cara de un francés fanfarrón, maestro de florete. El francés les acomodaba, sobre tablas, una mano de pegote en las puntas y... ¡ya está!

Según se ve, no es un hombre lindo, ni mucho menos, pero cierto dengue en sus aires, cierto colorido en sus corbatas y cierta cuadratura musical de zamacueca en todos sus movimientos, hacen de él, a no dudarlo, el doncel más garboso de nuestro proscenio social.

Como martillero, mediocre: uno que otro picholeo judicial.

Como campeón de eróticas proezas: ¡Oh!... ¡eso es de no te muevas!

¡Quién, ni qué, cuando la llama del sensualismo le chisporrotea en las carnes enfrena el volcán incandescente de sus apetitos venéreos!

Él ha forzado doncellas y cerraduras, ha escalado balcones, ha derribado ventanas, ha saltado por los tejados, se ha descolgado de las cornisas, se ha metido por las chimeneas, hasta las piedras, subyugadas, como en la mente del poeta, se han abierto complacientes a su paso, y es cosa de quedarse uno encantado y de comérselo a besos, cuando le oye referir sus aventuras con esa sal andaluza que Dios le dio: como, interrumpido en lo mejor por la presencia de algún marido importuno, verbo y gracia, agazapado entre las cortinas de la cama, ha sabido pasarse en acecho largas horas, espiando un ronquido propicio y otro y otro y, después, que le permitiera batir en retirada, amortiguando el ruido de sus pasos, para no deshonrar a su bella...

¡Ah, si las paredes tuvieran oídos o, mejor, si fueran fonógrafos, Dios me ampare!

¡Pobre de ustedes, de mí, de éste, del otro y de medio mundo!

¡Ay de nuestra reputación, de nuestro nombre!

¡Pero, cómo no! ¡Si los maridos de miedo lo hacen compadre!

Eugenio Cambaceres

Mascaritas

En cuanto a mí, tengo el sentimiento de dejarlos. Observo que aquel dominó negro me hace señas, es mujer y *noblesse oblige*.

–¿A mí me llamas?

–Sí.

–¿Qué quieres?

–Que me digas dónde está tu amigo Juan.

–En el baile.

–Sí, pero ¿dónde, en el baile?

–Aquí; mete la mano y verás –exclamé como el negro de los pasteles, abriendo un bolsillo de mi chaleco.

–¡Grosero! –murmuró entre dientes mi interlocutora. Te prevengo, dijo en seguida con vehemencia, que no estoy dispuesta a dar ni a recibir bromas. Tengo necesidad de hablar con tu amigo y quiero que ayudes a buscarlo.

–*A´ppoggiate al braccio mio*.

Anduvimos la ceca y la meca; los tres salones de baile, las galerías y hasta el *toilette* de los hombres y el departamento del segundo piso, que mi máscara recorrió de mi brazo sin vacilación y sin escrúpulos, no obstante hallarse desierto en aquellos momentos.

–Una o dos: o eres mujer de armas llevar, o tienes un interés mayúsculo en dar con Juan, dije en mis adentros, sintiendo que me picaba el aguijón de la curiosidad.

Después de hacer perdido tres cuartos de hora en inútiles andanzas, distinguí, por fin, al objeto de nuestras pesquisas, platicando alegremente en un grupo de mosqueteros, con el rostro encendido, los ojos brillantes, las facciones sobreexcitadas, con todo el aspecto, en fin, de quien no se encuentra precisamente en caja, de un hombre a quien le pasa algo normal.

–*Ecce homo* –dije a mi compañera, señalando hacia el grupo.

–¡Ay! ¡Que me he roto el vestido! –exclamó casi simultáneamente, agachándose con el movimiento propio de la mujer que se pisa la cola.

–Llévame pronto al *toilette*.

–¿Y Juan?

–¡Sí, sí, le hablaré después!

Pasaron diez minutos, luego veinte, luego media hora y mi máscara no salía.

¿Si se figurará este tipo que soy un juguete? Me decía, y, bastante cargado ya con el plantón, estaba en un tris de buscar revancha, plantándola a mi vez, cuando en una de mis idas y venidas, la vi entrar precipitadamente al *toilette* por la puerta que comunica con la galería exterior.

Para mí que la creía dentro, tan imprevisto *truc* no podía dejar caer un justo motivo de sorpresa y de sospecha.

¿Qué significan estos cubiletes?, pensé.

¿Entra, me dice que la aguarde, y ahora resulta que se cuela de nuevo por la puerta traviesa en lugar de salir?

¿Si estaré haciendo el papel del pavo, sirviendo inconscientemente de comodín en alguna trapisonda? ¿Si habrá gato encerrado?

¿Y Juan? ¿Qué pitos toca en todo esto?

Pocos momentos después, salió, por fin.

–¿Te ha hecho esperar mucho?

–Ya lo ves, alrededor de tres cuartos de hora.

–¡Pobrecito! –exclamó–; te pido un millón de excusas y, ya que has sido tan bueno, sacrifícate por completo, llevándome donde está tu amigo.

–¡Todo sea por la gracia de Dios! Consiento, ya que ruegas y no ordenas, que te muestre más tratable y, a juzgar por el cambio que se observa en tu tono y en tu acento, ha desaparecido la causa del mal humor que te dominaba.

Efectivamente, un cambio notable acababa de producirse en su modo, en su aire, en sus palabras y hasta en el metal de su falsete que me pareció, menos chillón.

Cuando acercándome por detrás y tocando el hombro de mi amigo que continuaba con la palabra en el referido grupo de mosqueteros, le dije:

—Esta máscara anda a la pesca de un Juan, hace ya más de dos horas. Mi amigo se dio vuelta, la miró, interrumpió de pronto su discurso y, con el aire *gauche* de un hombre completamente cortado, se apresuró a ofrecerle el brazo, balbuceando:

—Estoy a tus órdenes, mascarita.

¿Por qué la presencia de mi compañera producía en mi amigo el efecto de la policía cayendo sobre un garito?

Consignando el bulto negro a su dirección, mi papel había concluido; metíme, pues, entre telones, es decir, salí a fumar a un cigarrillo, y maldito si me acordaba ya de la cosa, cuando, a eso de las cinco de la mañana, se me paró Juan por delante con dos máscaras del brazo: un dominó negro y otro blanco.

Las más plácidas de las sonrisas jugueteaban en sus labios; había, evidentemente, recobrado toda su sangre fría.

—Estamos rumiando una calaverada —me dijo— y queremos que tú también eches una cana al viento. Vamos a cenar los cuatro al café de París.

—¿Al café de París? ¿Y por qué no al comedor que está más cerca?

—Por la sencilla razón de que en el comedor no hay gabinetes particulares.

—¿Quieres decir, entonces, que lo que me propones es una *partie carrée*, ni más, ni menos?

—Con todo el *cachet de la chose*, siendo de advertirte que estas máscaras aceptan con la expresa condición de que han de guardar el más absoluto incógnito.

—¡Bah! ¡Déjame de historias! Prefiero irme a dormir tranquilamente a mi casa; ya no estoy yo para danzas.

-¡Qué fino y qué amable! ¡Si éste tu amigo, es un dechado de galantería! -dijo con sorna el dominó blanco dirigiéndose a Juan.

O soy una bestia, pensé, o no es la primera vez que oigo esta voz y, si la he oído, ha sido esta noche sin ir más lejos.

Algo como la vislumbre de una barbaridad mayúscula cruzó entonces por mis regiones cerebrales.

Resuelto a salir de dudas, con mis más y con mi menos, cambié súbitamente de resolución apresurándome a exclamar:

-¡Me gustan las tiranas que no tienen pelos en la lengua! Tu franqueza me seduce, máscara. ¿Del café de París se trata? Vamos al café de París.

Y le ofrecí graciosamente mi brazo.

Si dijera que el programa que se llenó en todas sus partes, de acuerdo con lo prometido por la empresa, mentiría como un sacamuelas.

A ustedes los nombro jueces.

Una vez en el terreno: veamos de qué se trata aquí y qué gente es ésta, me dije y, por vía de explorar el campo, mientras Juan, de pie al lado de la mesa, miraba la lista de los *plats du tour*, me instalé sobre el sofá, agarré de la cintura a mi mujer, la senté sobre mis faldas, le eché los brazos al cuello y sin decirle ni agua va, hice por imprimirle un ósculo amoroso debajo de la oreja.

-¡Zafado, sinvergüenza! ¿Qué te figurás, que estás entre francesas? -vociferó mi incógnita, dando un salto furiosa y apostrofándome a tres varas de distancia.

-Che, che, más despacio -exclamó Juan interviniendo a su turno.

¡No tan calvo que se le vean los sesos!

Trátalas con más consideración, no sea cosa que las vayas a ahuyentar.

¿Qué había hecho de malo para que me ofendieran así?

La cosa más natural del mundo.

Nada que no fuera perfectamente correcto: cumplir como hombre educado, las reglas de una rigurosa etiqueta.

Basta; ya sabemos a qué atenernos y esto es lo que me interesa por lo pronto, pensé.

Cuando se aportan por tan poco, deben ser muy chambonas.

Para un ojo medianamente experimentado, en efecto, aquello estaba diciendo a gritos que era la primera vez que, a la luz de un candelabro, se encontraban en presencia de perdices trufadas y de fresas con champagne.

Se trataba, indudablemente, de dos hijas del país, pulcras y remilgadas, esto es, decentes, lo que no quiere decir que con pulcritud, remilgues, decencia y todo, no fueran muy capaces, dado el caso, de tener los escrúpulos del padre gargajo y mucho más.

De todos modos, con el fiasco del preludio y dos *cagne* por intérpretes, la música tenía que andar como el demonio.

Así no más sucedió: fue un *four*.

Las mujeres comieron poco, bebieron menos y hablaron una tropa de cosas insustanciales sin sacarse la careta, mientras que Juan sudaba por hacerse el intrigado y por darme música a mí que me estaba haciendo el zonzo y que maldito lo que me divertía la fiesta aquella.

Eugenio Cambaceres. *Música sentimental. Silbidos de un vago*. Buenos Aires, Impr. Biedma, 1882. Tomado de *Humorismo Argentino*, Buenos Aires: Eudeba, 1964.

Eduardo Wilde

La carta de recomendación

Hace poco se presentó en casa, el señor don Pedro Romualdo Mosqueira, que era portador de una carta de recomendación para mí.

Atendiendo a ella, pregunté a don Romualdo en qué podía serle útil.

–Me han dicho, señor –me contestó–, que usted es algo relacionado aquí y quería que me diera una cartita para algunos de sus amigos.

–Perfectamente; ¿en qué desearía ocuparse?

–En una empresa de diarios, por ejemplo.

–Muy bien. ¿Sabe usted leer?

–No, señor.

–Perfectamente; tome usted asiento un instante.

Dicho y hecho, tomo la pluma y escribo:

Señor don Eduardo Dimet, director y propietario del "Nacional".

Estimado amigo:

Le presento a usted al señor don Pedro Romualdo Mosqueira que me ha sido calurosamente recomendado por nuestro común amigo don Héctor Varela. Desea ocuparse en su imprenta y yo creo que se contentará con un módico sueldo de ocho mil pesos, si usted lo pone al frente de la administración de su establecimiento.

Saluda a usted atentamente.

N. N.

Haría de esto un mes, cuando una mañana recibo una carta que decía:

Señor don N. N.
Querido amigo:
Usted que tiene tanta relación con Dimet, hágame el favor de darle al portador de ésta don Rómulo Mezquita, una cartita de recomendación que le sirva, a lo menos, para presentarse. Este señor desea ocuparse en algún diario y, como me ha sido muy recomendado, no vacilo en pedirle a usted un servicio en favor de un extranjero necesitado.
Soy su afectísimo.

JUAN A. GOLFARINI

Quién será éste don Rómulo Mezquita, decía yo, cuando alzando la vista percibí en el patio la simpática figura de mi antiguo conocido don Pedro Romualdo Mosqueira, que en sus tribulaciones por emplearse en un diario hasta su nombre había perdido.

La cosa era sencilla. El círculo de amigos se cerraba. El hombre volvía al punto de que había partido, después de haber andado a pie por las calles de Buenos Aires doscientas setenta y cinco leguas, en un mes, tras de una o más cartas de recomendación.

–¿Cómo es esto, señor Romualdo? –exclamé abriendo tamaña boca.

–Cómo ha de ser –me contestó–: todo el mundo me ha recibido bien, pero cada cual me despedía con una carta y muchos ofrecimientos.

Como usted supondrá, llevé su carta a Dimet; Dimet me dijo que el puesto que yo pretendía estaba ocupado, pero que en el empeño de servirme, me recomendaría a Luis Varela, como lo hizo; Varela me recomendó a Bilbao, Bilbao me recomendó a Walls, Walls me recomendó a Cordgien, Cordgien me recomendó a Gutiérrez, Gutiérrez me recomendó a Cantilo, Cantilo a Mansilla, Mansilla a Ojeda, Ojeda a Choquet, Choquet a Quesada, Quesada a Balleto, Balleto a del Valle, del Valle a Goyena, Goyena a Paz, Paz a Mallo, Mallo a Golfarini y Golfarini a usted, y aquí me tiene otra vez al principio de mi carrera.

Excusado es decir que yo solemnicé tan original peregrinación con toda la hilaridad de que pude disponer.

–¿Y este cambio de nombre, señor don Romualdo?

–Ese cambio de nombre, es que a fuerza de repetir "Pedro Romualdo Mosqueira" el nombre me parecía vulgar y largo, y pensando que era más cómodo para las cartas de recomendación uno más corto, lo acorté llamándome Rómulo Mezquita.

–Pues señor don Rómulo Mezquita, conforme ha cambiado de nombre, cambie también de aspiraciones y, en lugar de buscar un empleo en diarios, acepte cualquier trabajo... de cobrador por ejemplo.

Don Pedro Romualdo Mosqueira tiene actualmente una agencia de cobranzas, vive sin lujo, pero cómodamente y solo tiene una enfermedad que amarga su vida; sufre de epilepsia cuando ve una carta de recomendación.

Eduardo Wilde

Vida moderna

Mi querido amigo:

Por fin me encuentro solo con mi sirviente y la cocinera, una señora cuadrada de este pueblo, muy entendida en política y en pasteles criollos.

Ocupo una casa vacía que tiene ocho habitaciones, un gran patio enladrillado y un fondo con árboles y con barro. Tengo dos caballos de montar y uno de tiro. Mi dotación de amigos es reducida; total: dos viejos maldicientes. He traído libros y paso mi vida leyendo, paseando, comiendo y durmiendo.

Esto por sí solo constituye una buena parte de la felicidad; el complemento –¡quién lo creyera!– se encuentra también a mi alcance, aquí, en este pueblo solitario y en esta casa medio arruinada y desierta.

¡Soy completamente feliz! Básteme decirte que nadie me invita a nada, que no hay banquetes ni óperas ni bailes y, lo que parece mitológico en materia de suerte, no tengo ni un bronce ni un mármol ni un cuadro antiguo ni moderno; no tengo vajilla ni cubiertos especiales para pescado, para espárragos, para ostras, para ensalada y para postres; ni centro de mesa que me impida ver a los de enfrente; ni vasos de diferentes colores; ni sala ni antesala ni escritorio ni alcoba ni cuarto de espera; todo es todo.

Duermo y como en cualquier parte. El caballo de montar entra a saciar su sed al cuarto de baño, en la tina, antes que yo me bañe, con recomendación especial de no beber de a poquitos, ni dejar gotear en la bañadera el sobrante del agua que le queda en el hocico.

Recuerdo que cuando era niño conocí un señor viejo, hombre importante, acomodado, instruido y muy culto. Pues el viejo no tenía en su cuarto de recibo sino seis sillas, una mesa grande con pies torneados, gruesos y groseros, cubierta con una colcha usada, sobre la que estaba el tintero de plomo con tres agujeros en que permanecían a pique tres plumas de pato o ganso. Había además papeles, libros, tabaqueras, anteojos y naipes. De noche se reunían allí los hombres más notables del pueblo: el cura, el corregidor, el juez de letras, el tendero y otros ilustres habitantes. Allí se hablaba de la política, de la patria, de la moral y de filosofía, tópicos que ya no se usan. Concluida la tertulia el viejo se retiraba a su dormitorio en el que no había sino una cama pobre, una mesita ética, una silla de baqueta, un candelero de bronce con vela de sebo, una percha inclinada como la torre de Pisa, que se ladeaba más cuando colgaban en ella la capa de su dueño y, por todo adorno en las paredes, una imagen de San Roque, abogado de los perros.

A pesar de esta ausencia de mobiliario que escandalizaría hoy al más pobre estudiante, el viejo era muy considerado, muy respetado y vivía muy feliz; nada le faltaba. ¡Dime ahora lo que sería de cualquiera de nuestros contemporáneos en tal desnudez! Cuando me doy cuenta de lo estúpidos que somos, me da gana de matarme.

Por eso me gusta el poeta Guido Spano.

La semana pasada lo encuentro en la calle y le digo:

−¿Cómo le va? tanto tiempo que no lo veo; ¡usted habrá hecho también negocios!

−No −me contestó−, soy el hombre más feliz de la tierra; me sobra casa, me sobra cama, me sobra ropa, me sobra comida y me sobra tiempo; ¡no tengo reloj y no se me importa un comino de las horas!

Con tamaña filosofía ¡cómo no había de estar ese hombre contento!

En una ocasión me acuerdo haberlo visto en cama enfermo de reumatismo y tocando la flauta con un pequeño atril y un papel de música por delante.

Nunca he sentido mayor envidia por el carácter de hombre alguno.

A mí también, aquí en Río IV, me sobra todo, pero no tengo flauta, ni atril, ni sé música.

¿Sabes por qué me he venido? Por huir de mi casa donde no podía dar un paso sin romperme la crisma contra algún objeto de arte. La sala parecía un bazar, la antesala ídem, el escritorio, ¡no se diga!, el dormitorio o los veinte dormitorios, la despensa, los pasadizos y hasta la cocina estaban repletos de cuanto Dios crió. No había número de sirvientes que diera abasto. La luz no entraba en las piezas por causa de las cortinas; yo no podía sentarme en un sillón sin hundirme hasta el pescuezo en los elásticos; el aire no circulaba por culpa de los biombos, de las estatuas, de los jarrones y de la grandísima madre que los dio a luz. No podía comer; la comida duraba dos horas porque el sirviente no dejaba usar los cubiertos que tenía a la mano, sino los especiales para cada plato. Aquí como aceitunas con cuchara, porque me da la gana, y nadie me dice nada ni me creo deshonrado.

Mira, ¡no sabes la delicia que es vivir sin bronces! No te puedes imaginar cómo los aborrezco. Me han amargado la vida y me han hecho tomarle odio.

Cuando era pobre, admiraba a Gladstone; me extasiaba ante la Venus de Milo; me entusiasmaba por Apolo y me pasaba las horas mirando el cuadro de la Virgen de la Silla.

Ahora no puedo pensar en tales personajes sin encolerizarme. ¡Cómo no! Casi me saqué un ojo una noche que entré a oscuras a mi escritorio, contra el busto de Gladstone. Otro día la Venus de Milo me hizo un moretón que todavía me duele; me alegré de que tuviera el brazo roto. Después, por impedir que se cayera la Mascota, me disloqué un dedo en la silla de Napoleón en Santa Elena, un bronce pesadísimo, y casi me caí enredado en un tapiz del Japón.

Luego, todos los días tenía disgustos con los sirvientes.

Cada día había alguna escena entre ellos y los adornos de la casa.

–Señora –decía la mucama–, Francisco le ha roto un dedo a Fidias.

–¿Cómo ha hecho usted eso Francisco?

–Señora; si ese Fidias es muy malo de sacudir.

Otra vez dejaba Fidias de ser maltratado y aparecía el busto de Praxíteles sin nariz. Francisco se la había echado abajo de un plumerazo; o bien le tocaba el turno a Mercurio, que se quedaba cojo de algún porrazo. Ya sabes que Mercurio tiene un pie en el aire.

Bismarck, el rey Guillermo y Moltke, en barro pintado, se han escapado hasta ahora casi ilesos, gracias a que su pequeña estatura les permite esconderse tras del reloj de la sala. Pero un gran elefante de porcelana cargado de una torre, pierde cada ocho días la trompa que le vuelven a pegar con goma.

Otro día, se le ocurre al mismo Francisco limpiar con kerosene el cuadro del Descendimiento. En fin, he pasado estos últimos años en cuidar jarrones, cortinas, cuadros, relojes, candelabros, arañas, bronces y mármoles, y en echar gallegos a la calle con plumero y todo para que vayan a romperle las narices a su abuela.

No te puedes imaginar los tormentos que he sufrido con mis objetos de arte; bástame decirte que muchas veces al volver a mi casa he deseado, en el fondo de mi alma, encontrarla quemada y hallar fundidos en un solo lingote a Cavour, a la casta Susana, al Papa Pío nono, a madama Recamier y otros bronces notables de mi terrible colección.

¿Y las flores, las macetas, los ramos, los árboles enteros que mandan a casa y que la señora coloca en mi estudio como si tal cosa? El patio es un bosque; creo que hay en él toda la flora y fauna argentinas: leones, tigres y millones de sabandijas. Los cactus no me dejan ir a mi cuarto, me enredo en los helechos y unos malditos arbustos que hay con puntas y que están ahora de moda, tienen obstruida la puerta del comedor al cual no se puede entrar sin careta, a menos de exponerse a perder un ojo. Ya estuve a punto de quedarme tuerto, a causa de un *alisum espinosum*[1].

---

1   *Alyssum*, género de plantas de porte bajo, en su mayor parte vivaces. La variedad que menciona tiene además espinas.

Mire, Juan –le dije al portero–: al primero que venga aquí con árboles, con bronces o con vasijas de loza, péguele un balazo. Ya no hay donde poner nada. Para pasar de una pieza a otra es necesario volar. Uno de mis amigos, muy aficionado a los adornos, ha tenido que alquilar una barraca para depositar sus estatuas y sus cuadros. Yo tengo una estatua de la caridad que es el terror de cuantos me visitan; no sé qué arte tiene para hacer que tropiecen con ella. En casa de otro amigo se perdió hace poco una criatura que había ido con su mamá. Cuando ésta quiso retirarse se buscó al niño en todas partes sin hallarlo; al fin se oyó un llanto lastimero que parecía venir del techo y voces que decían: ¡Aquí estoy! ¡Aquí estoy! El pobre niño se había metido en un rincón del que no podía salir porque le cerraban el paso un *chifonier*, dos biombos, una ánfora de no sé donde, los doce Pares de Francia, ocho caballeros cruzados, un camello y Demóstenes de tamaño natural, en zinc bronceado.

¡Vaya usted a limpiar una casa así! Lo primero que se me ocurre al entrar a un salón moderno es pensar en un buen remate o en un terremoto que simplifique la vida.

Tengo intención de pasar aquí una temporada, y estaría del todo contento si no fuera la espantosa expectativa de volver a mi bazar. Algunas noches sueño con mis estatuas y creo que, sabiendo ellas el odio que les tengo, me pagan en la misma moneda y me atacan en mi cama. Hasta he pensado alguna vez en fingirme loco y arrojar a la calle por la ventana los bustos de los hombres más célebres, los cuadros, las macetas, las arañas y los espejos. En fin, tengo un consuelo: no ocurre casamiento, cumpleaños o bautismo en casa de amigos, que no me proporcione el placer de soltarle al beneficiado algún león de alabastro, un oso de bronce o los gladiadores de hierro antiguo. ¡A incomodar a otra parte y allá se las avenga el novio, el bautizado o el que festeja un aniversario!

Excuso decirte que cuando un sirviente torpe echa abajo un armario lleno de loza y cristales, no quepo en mí de contento.

Escríbeme pronto y no te olvides de comunicarme en el acto, si por acaso quiebra la casa de Lacoste o la de algún otro bandolero de su estirpe.

Te recomiendo, además, que si puedes hacerme robar durante mi ausencia algunos pedestales con sus correspondientes bustos, varios cuadros y todos los muebles de mi escritorio, no dejes de hacerlo. Sobre todo, por favor, hazme sustraer las palmeras que obstruyen los pasadizos y el *alisum espinosum* que está en la puerta del comedor y al cual profeso la más corrosiva ojeriza.

En el último caso puedes recurrir al incendio.

¡Te autorizo!

Tu amigo,

BALDOMERO TAPIOCA

P. D. Si el día 1° de Año me mandan tarjetas de felicitación, cartas o telegramas, toma todo ello del escritorio, haz un paquete y mándalo a Francia, dirigido al presidente Carnot, con una carta insultante, diciéndole que su nación tiene la culpa de que, a más de todas las mortificaciones criollas que soportamos, tengamos todavía que aguantar la moda francesa de las felicitaciones del año nuevo.

Eduardo Wilde. *Prometeo & Cia*, en *Obras completas*. Buenos Aires: Imprenta Belmonte, 1939.

Lucio Vicente López

Don Polidoro
(Retrato de muchos)

París, noviembre 19 de 1880.

Don Polidoro acaba de ser vomitado en París con toda
su familia por el tren expreso de la estación del Norte. Don
Polidoro tiene cincuenta y cinco años, ha nacido en el año 25,
ha sido un excelente unitario, tiene diez leguas de campo en
Juárez y cuatro casas en Buenos Aires, fuera de la que habita
en la calle de Buen Orden, provista de tres patios, de una
huerta con higueras, y edificada en línea recta de tal manera,
que desde las ventanas de la calle se puede matar de un tiro
de fusil al cocinero en la cocina. Don Polidoro habla el español, nada más que el español. Del francés sabe tres o cuatro
palabras, poco extraordinarias por cierto: *monsieur* o *mosiú*,
madame, *oui* y *no*. He ahí todo su capital.

La señora de don Polidoro, desde que ha pisado la tierra
francesa, vive completamente condenada a la abstinencia
de toda conversación con los extraños, pero en cambio, los
dos niños mayores dominan todo el repertorio dialogado del
Ollendorf[1]. El resto de la familia compuesto de cuatro niños
más, y de tres sirvientas, está obligado, como don Polidoro y
su señora a comunicarse con el mundo exterior por medio de
los hermanos mayores.

---

1   El profesor Ollendorf inventó el método que lleva su nombre para el
aprendizaje de idiomas. La primera edición data de 1835.

Don Polidoro se ha marcado desde el momento en que se encontró en la canal exterior; la señora ídem; el camarote ha sido una hecatombe durante los veintiocho días de viaje. Pero es necesario llegar a Europa a todo trance, y gastar los ochocientos mil pesos moneda corriente, en que nuestro viajero ha calculado su presupuesto, incluidos pasajes, regalitos y provisiones consiguientes de un regreso del viejo mundo. Don Polidoro trae también *in pectore* sus proyectos malévolos. Se cree un pequeño monstruo cuando en los profundos arcanos de su conciencia, acaricia la idea de sus próximas campañas de Mabil, como él escribe y llama a Mabille. Está dominado por la fiebre de verlo todo, y trae además de las guías indispensables, una lista en la memoria de lo que otros le han recomendado que vea. El idioma es el único punto opaco en la vida europea de don Polidoro. Con el francés, con sólo el francés, él daría vuelta al mundo. Pero el honorable compatriota que ha sido juez de paz y comandante militar, que desde 1852 hasta la fecha ha tomado parte en todas las elecciones habidas y por haber, siempre del lado de la buena causa se entiende, que por dos o tres veces ha sido diputado provincial y casi senador, a no haber mediado un malaventurado empate, el honorable compatriota, repito, está obligado a permanecer con rostro de cretino, mientras Blasito, su primogénito oye y toma tiempo para digerir con dificultad lo que explican los guías y lo que exigen los cocheros; y cuando Blasito vacila, se equivoca o no inventa pronto su traducción ¡qué indignación, qué mal humor, qué impaciencia la de don Polidoro! Entonces el intachable burgués del Río de la Plata, se encara frente a frente con el interlocutor y aparta con desprecio a Blasito, fulminándolo con este anatema: "¿Para qué me sirve lo que he gastado en tu educación?" y pretende entender y hacerse entender. Blasito, vuelve a intervenir; nueva fulminación, y, después de esfuerzos milagrosos de lengua, de gestos y visajes de todo género, don Polidoro acude al salvador y primitivo idioma de las señas. Y cuando triunfa con un simple ademán, ¡Oh! ¡Cómo se pavonea don Polidoro! ¡Cómo es de feliz! En diez días más, aprende el francés más pronto que la jerigonza, mientras que Blasito queda confundido, de ignorancia y de ineptitud!

-¿Dónde se ha alojado usted, señor don Polidoro?

A esta pregunta hecha con toda la más sana intención del mundo, mi héroe, a quien acabo de encontrar en el boulevard todo vestido de nuevo, me mira con una fisonomía desdeñosa y sorprendida, como si quisiera hacerme el reproche de ignorar la cosa más notoria de la tierra.

-Pero... en el Grande Hotel, mi amiguito, en el Grande Hotel... ¿dónde quería que me alojara?

-En el Continental, señor don Polidoro, en el Continental; hoy es el Continental el primer hotel de París.

-¿De veras? ¡Ya me lo había yo pensado! Ya me lo había dicho Nicanor, la otra noche al llegar...; pero como Blasito vio que en la guía tenía lugar de preferencia el Grande Hotel y una estrellita que quiere decir que es de lo mejor, nos fuimos a él. ¡Qué quiere amiguito! Yo he querido de lo mejor... Para que después no se diga... ¡Pero me voy a mudar! ¡Si el Continental es mejor, me voy a mudar!

-A propósito, ¡le voy a dar mi tarjeta! –y diciendo y haciendo, don Polidoro con una risita de íntima satisfacción que le hace cosquillas en toda la cara, me da su tarjeta y la de su señora.

Monsieur Polidor
Deputé et fermier à la République Argentine
Madame, Polidor Rosales

-Eso dicen que es la moda de París. Yo le diré amigo, francamente, que a mí no me gustaba, pero Nicanor me aconsejó y me dijo que si uno no se pone aquí sus títulos, lo miran por sobre el hombro; y ahí, me ha puesto que soy diputado y estanciero. La que está furiosa es Petrona, mi mujer, porque le han quitado en la tarjeta el nombre y el apellido. Ella se llama Petrona Bracamonte, ¡pero desde que tengo las tarjetas nadie la conoce en el hotel, sino por Madama Polidora! ¡Ja, ja, ja!

Y don Polidoro se reía a pulmones llenos.

A la mañana siguiente fui al Grand Hotel a visitar el señor don Polidoro. ¡Pobre señor Rosales! No sólo había desaparecido el nombre de familia de la señora en las nuevas tarjetas, sino que el mismo don Polidoro no era conocido sino por el número 100. La flamante personalidad del noble diputado y estanciero de la República Argentina, había sido una cifra y a tres guarismos, que componían un número inconveniente en la designación de las puertas.

Ni en la *conciergerie*, ni en el *bureau*, entendían nada de Monsieur Polidor Rosales. El número 100 está o no está en casa; un carruaje para el número 100, el número 100 se llama, el número 100 debe... el número 100 paga.

Encontré a don Polidoro indignado contra semejante apodo aritmético y resuelto a mudarse al Hotel Continental. La noche anterior se había encontrado con varios compatriotas, y como no hay extranjero en viaje que no tenga las más altas pretensiones de conocer a fondo el suelo que pisa, y de creerse en condiciones de administrar consejos y opiniones llenos de experiencia, los amigos de don Polidoro le habían puesto la cabeza como una fragua, y el Grand Hotel aconsejado por el descrédito había caído en el mayor descrédito ante los ojos del buen porteño.

Mover la comitiva doméstica de don Polidoro, demandaba fuerza. El matrimonio es poco ágil. Los cuatro niños menores y las tres sirvientas, son un apéndice engorroso para París. La cuenta diaria de don Polidoro ha llegado a trescientos y cuatrocientos francos sólo en habitaciones y municiones de boca, como él dice; pero es necesario mantener la pompa que corresponde a su rango, ¡y don Polidoro se entrega inerme a la explotación!

Don Polidoro y familia abandonaron el Grand Hotel, y mientras que el transporte de los baúles monumentales mareados rumbosamente Polidoro Rosales, despertaba la curiosidad de los sirvientes a la caza de propinas, se oían voces que decían: *le numéro 100 qui déménage.* Blasito se permitió una última tentativa de traducción y fue fulminado por don Polidoro que ya no podía verse eternamente confundido con ese número.

Por fin salió la familia Rosales de aquel hotel, en el que su jefe no se encontraba tratado según sus aspiraciones. Pero, el infortunio persigue a este hogar ambulante, a este cuadro de familia supinamente criolla, que no sabe dónde está, ni a qué ha venido, ni lo que quiere, ni lo que hace. En el Hotel Continental, al día siguiente de instalado don Polidoro, se llamaba el número 77. No había sido suficiente la epigramática casualidad de su primer asilo en el Grand Hotel. Era necesario soportar la marca de los dos nuevos guarismos repetidos. ¡Ah! ¡Ni el recurso de Orsini arrancando con la punta de la espada, la B de la mansión de los Borgia le quedaba a don Polidoro para salvar de las numeraciones sospechosas bajo las cuales parece destinado a vivir en Europa!

No hubo más remedio que consolarse. Cuando don Polidoro supo por boca de todos sus amigos que se hallaba alojado en el primer hotel de París, que era el número uno, que era inútil buscar otro que se le pudiera comparar, entonces fue feliz, profundamente feliz, y comenzó a pensar en la ímproba tarea de las expediciones a los museos, a los monumentos y a los paseos públicos.

Es de verse la salida de don Polidoro con su familia en dos fiacres[2] amarillos entre 11 y 12 del día. En el primero la pareja matrimonial empaquetada en el asiento principal. Blasito en el asiento delantero, en cuenta de calepino parlante, con una cara de ingenio que desarmaría al más osado contra él.

En el otro vehículo, una sirvienta con dos vástagos más de la fecunda familia Rosales. El resto permanece en el hotel con derecho a la plaza de la Concordia, porque don Polidoro es hombre práctico; le gusta moverse con poca gente.

El primer día del Louvre, don Polidoro volvió al hotel con un visible semblante de derrotado. Pero el amor propio da fuerzas al más flaco de los mortales y don Polidoro simuló el encanto inexplicable que le había producido el examen de doscientos sarcófagos egipcios y las colecciones interminables del museo etnográfico. Blasito regresó sumido en un sopor alarmante. Don Polidoro se indignaba de la indiferencia que su hijo mayor demostraba por cosas tan importantes. En cuanto a *misia* Petrona el abatimiento era profundo. Parecía

---

2 Taxis

que caminaba bajo el peso de un peñasco; los párpados le caían sobre los ojos como si fueran de plomo. La señora había trabajado aquel día y volvía al descanso reparador. Las bravatas de don Polidoro, sus exclamaciones de entusiasmo, sus arengas para animar aquel hogar refractario a las maravillas europeas, todo era inútil. Aquella noche el número 77 cerró su puerta a las 9.

–¡Qué temprano se ha retirado la familia del señor Rosales! –observa al portero una visita de don Polidoro la noche de la primer campaña al Louvre.

–¡Oh, sí señor –contestó el interrogado con esa zafaduría canalla que distingue a los lacayos de París–, el señor y la señora se ocupan ahora de tragar museos y hacer la digestión!

Don Polidoro es indomable; al cabo de quince días ha acometido con denuedo medio París. Ha trepado jipando, pero ha trepado, al domo del Panteón, a la columna Vendôme, al arco de Triunfo, y ha regresado rebosante de orgullo, con aquella satisfacción del hombre que ha estado ubicado donde sólo es dado llegar a los que tienen dos pies y el espíritu envuelto en una masa densa de grasa como el señor don Polidoro.

Ha estado con Blasito a ver la *Femme à Papa* en *Varietés*. Blasito ha ensayado una versión bastante pasable a medida que la pieza se representa, pero un caballero del asiento vecino impone silencio a la pareja descifradora. Ambos deciden no llevar la familia a ver la pieza, porque es un espectáculo inmoral. En los pasajes grotescos, don Polidoro que se encuentra impedido de interrogar a Blasito, ojo atento al público, estalla en carcajadas cuando la hilaridad es general. Si Blasito no se ríe porque no ha entendido, don Polidoro vuelve sobre sus pasos y se pone serio; lo consulta con la mirada; Blasito, que es un poco imbécil, no se explica lo que quiere preguntarle su padre, y en esta escena muda, ¡la elocuencia del ridículo alcanza a la sublimidad!

¡Oh! Don Polidoro Rosales ha sido transportado a París, es cierto, porque los cuerpos se palpan y su ubicuidad es incontestable, pero su ser, su yo, ese está allá, en la calle de Buen Orden y estará siempre aunque él esté aquí. Esto no es una paradoja; es la esencia misma de la verdad.

Don Polidoro desde que se encuentra en París tiene la vista y el oído de las gamas. Cuanto ve quiere recorrer, conocer, escudriñar. Cuanto oye le sugiere el deseo de una explicación. Abruma con las preguntas y se le han aparecido tales pretensiones, que no es fácil darse cuenta de su límite. Averiguó cuáles eran los mejores *restaurants* de la ciudad y ha comido seis días seguidos con toda la familia en el Café de la Paix, en el Café de Paris, en Bignon, en la Maison Dorée, en el Café Riche y en el Café Anglais. ¡Oh! Qué escenas tan apetitosas las que se han pasado en aquellas mesas, servidas por los mozos más pillos y burlones de todo París y concurridas por gente que sabe lo que nuestro honorable vecino de Juárez no barrunta. ¡Ver instalarse en su mesa la familia de don Polidoro y presenciar la atadura de la servilleta de los chicos! ¿Qué cuadro flamenco puede competir con aquel *ménage* primitivo al natural?

El *maître d'hotel* presenta la carta. Misia Petrona la arroja con indiferencia y... ¡desgraciada señora! En ese papel está escrita la medida de su apetito. Don Polidoro se acuerda de que por allá, hay también lista, y se la pasa a Blasito. ¡Al pobre Blasito! ¡Qué hará Blasito para entender esos títulos presuntuosos del menu, esa erudición culinaria que alimenta agradando, esa retórica bajo la cual un faisán más picado que el del virrey de La Perichole[3] pasa por un pomo de *opoponax*![4] ¡En el Ollendorf no hay nada de eso! El Ollendorf es deficiente. A Blasito lo toma la lista sin perros. El *maître d'hotel* espera con la más impertinente impaciencia desde la altura de dos patillas rubias en una cara completamente afeitada y empolvada. Don Polidoro lo ha amagado con una mirada de humilde consultación, pero el insolente lo ha seguido mirando con cara de esfinge, y don Polidoro no se atreve ya a una

---

3   María Michaela Villegas y Hurtado (1758-1819). Famosa actriz conocida como "La Perricholi". Una de las mujeres más célebres del siglo XVIII, amante del sexagenario Virrey don Manuel Amat y Juniet.

4   El opoponax, también conocido como mirra dulce, se extrae del interior de una planta que crece en África oriental. El opoponax es utilizado en la industria de los plaguicidas y en la perfumería. A principios del siglo xx era la base de un perfume muy usado por las damas.

segunda tentativa. Blasito se quema las pestañas. Ha encontrado algo que ha entendido; al menos que ha podido traducir. *Perdreaux demi deiul*, perdices de medio luto. Lo comunica en voz baja a la mamá. Pero la mamá hace un gesto de duda, vacila y se confunde. Don Polidoro tiene un arranque; coloca el índice sobre el plato descubierto por Blasito y se lo indica al mozo. ¡Él está indignado!

–*Et le potage?*

(Don Polidoro): –¿Ehhh...?

(Blasito después de vacilar): –Pregunta si no tomamos sopa, papá.

–¡Ah! ¡Sí! sopa... sopa. ¿Qué sopa?

La insolencia del sirviente crece por grados:

–*Voulez vous velours?*

–¡Sopa de terciopelo, papá!

–¡Traduces mal, Blas! ¡No puede haber semejante sopa!

–Sí, papa, *velours*, es terciopelo.

La familia se consulta y viene el *potage velours*, después de las agitaciones que han experimentado los estómagos ante la perspectiva de beber los despojos de algún vestido de esa tela. Las perdices de medio luto son rechazadas por unanimidad. Don Polidoro y su señora quieren separar todo elemento triste en el momento feliz de la mesa. Los dos esposos no encuentran en aquel menú intrincado algo que los satisfaga, y la ineptitud de Blasito es cada vez más alarmante. El mozo propone *turbot, homard, raie, éperlan*. Don Polidoro se lanza audazmente en la senda de lo desconocido y pesca en la rápida recitación del garçon, el único sonido que ha conservado: ¡*homard!* Pide *homard* y espera con denuedo el momento del peligro.

En cinco minutos el mozo ha puesto delante de la familia que no gana para sustos y apuros, una enorme langosta de Dieppe, colorada y apetitosa.

¡Qué espanto y qué ascos los de *misia* Petrona! Los niños menores sienten miedo en el estómago. Blasito consulta a don Polidoro. Don Polidoro pasa por un momento de vacilación, arriesga con una sonrisa llena de complacencia una última consulta al mozo, pero éste le da la espalda y mi héroe permanece solo y cara a cara con el *homard*. Pero don Polidoro es valiente. Él será parisiense a todo trance. Hace el gesto de un desgraciado en momentos de apurar una droga y acomete el *homard*. No sabe qué se come y qué no se come de aquel animal, y en presencia de la duda, come todo, carne, huevos, hueso y ¡horror! hasta el esófago del monstruo. Blasito ante una mirada furibunda de don Polidoro lo acompaña en aquel duro deber. La señora, como si hubiera comido, pasa por los amargos momentos del asco.

¡Oh París! ¡Qué hermoso es París para la familia de don Polidoro!

Pero no todas son desgracias y aventuras en aquellas comidas. Don Polidoro, siempre entregado a lo desconocido pide un *chateaubriand* y en vez de una araña, con la que soñaba resuelto a comerla resignadamente, se encuentra con un *beefstake*. ¡Un beefstake en París!

La familia pide *chateaubriand* y el hambre se sacia; y desde aquel día puede don Polidoro repetir con orgullo que ha comido y come diariamente en los principales *restaurants* de París... pero *chateaubriand* y nada más que *chateaubriand*.

Habían pasado muchos días sin ver a don Polidoro. La otra noche en Laborde me paseaba con varios amigos. El baile estaba en todo su esplendor. Era aquella una feria de mujeres, de diamantes y perlas, de telas y encajes. ¡Cuánta gracia lasciva en esos cuerpos delgados y esculturales! ¡Qué cabezas adorables, si no fueran vacías como las amapolas! La música excita y la luz eléctrica da a aquella escena un fulgor especial. Todo hay allí, menos franceses. Lo digo por honor a la Francia. Rusos, ingleses, alemanes, italianos y españoles.

—Perdone usted, y americanos; ¡allí viene el señor don Polidoro!

Me doy vuelta, y en efecto, me veo a don Polidoro Rosales, al mismo don Polidoro, restablecido de la insurrección que intentó en su estómago la langosta del Café Riche, del brazo de una damisela de carita *chiffonnée*, con una *toilette* deslumbrante, tierna como una alondra, maligna como una viborita, entregada a su compañero como una novia en la primer cuadrilla de las nupcias.

Don Polidoro al divisarme quiso hacer una evolución como un general que se encuentra con el enemigo a retaguardia, pero, en vano. Me adelanté y llegué a su lado más pronto de lo que él había presumido.

—¡Adorable don Polidoro! ¡Es usted un hombre feliz!

—¡Qué le parece, amigo! ¡Si este París me ha sacado de mis casillas!

—Pero ¿y *misia* Petrona, don Polidoro? ¿y *misia* Petrona?

—Durmiendo, amigo. Hoy ha visitado cuatro museos y todavía nos queda una semana de trabajo para ver lo que no hemos visto... Y cambiando la conversación:

—¡Háblele, amigo, usted que sabe hablar francés! ¡Verá qué bien habla!

—No, don Polidoro. Yo hablaría por mi cuenta, pero no por la suya. ¡Adiós!

Y don Polidoro sigue la rueda del baile con su linda compañera que le ha dado vuelta la cabeza como a un niño que recién comienza a vivir. ¡Pobre *misia* Petrona!

Al fin del baile, encuentro a Blasito acompañado también de una señora de cara satinada y ojeras al carbón. ¿Qué les parece a ustedes? A Blasito, al inocente Blasito, ¡haciendo su gasto de Ollendorf concienzudamente!

Salgo del baile y en el Café Anglais don Polidoro cena en *ménage* pero sin *misia* Petrona; y Lolotte —se llama Lolotte, la sustituta de la mamá de Blasito—, llama a don Polidoro, *mon petit* Polidor! *Mon Lidor*! *mon bonbon glacé, mon Loló sucré*.

¡Y otras dulces golosinas de este género!

Cuando nos encontremos en Buenos Aires, de vuelta, con don Polidoro Rosales, ¡ya verán ustedes si nadie le mata el punto en cuanto a práctica de la vida parisiense! Será un oráculo para sus congéneres —que son muchos— y tendrá ochocientos mil pesos menos, como ellos.

Ustedes conocen ya uno de los tipos de nuestros viajeros. Pertenece a la gente de edad. Les he de presentar pronto el *spécimen* del joven para que hagan la comparación.

Los franceses, siempre espirituales, representaron el año pasado una pieza en el Palais Royal en que explotaban bajo el apodo del *rastaquoère*[5] estos tipos de la América del Sur. ¡Un *spécimen del rastaquoère* de legítima índole es don Polidoro Rosales! Pero falta el *rastaquoère* de la juventud. Esta página no ha tenido por objeto hacer una pintura para reír. Es un ataque franco a los que, viejos o jóvenes, sin idea fija ni propósito preconcebido, caen un buen día en Europa y pretenden conocer las grandes capitales porque han rodado al acaso por ellas, como una bola, por un cierto espacio de tiempo.

Lucio V. López. *Don Polidoro y otros relatos.* Buenos Aires: Eudeba, 1966.

---

5 *Rastaquoère:* Rastacuero, vividor

Miguel Cané

Juvenilia
(fragmento)

Novela fragmentada y testimonial, *Juvenilia* (1884) evoca recuerdos infantiles y de adolescencia de su autor, cuando cursó en el Colegio Nacional de Buenos Aires, en épocas en que era un internado de varones, durante la dirección del canónigo Eusebio Agüero. Estas conmovedoras narraciones de las andanzas de un grupo de escolares se convirtieron en un clásico y conservan aún la frescura de la pluma certera de Cané.

Al comienzo de esta novela, Cané relata cómo le pesaba el encierro. Tanto que llama al Colegio "prisión" y añoraba sus días de libertad, de despertarse más tarde, la comida de su casa. Sin embargo, también llama "nido" al Colegio, es decir, un lugar desde el cual comenzó a crecer y que lo albergó.

Dos cosas, dice, no pudo superar: el despertar y la comida. A las cinco de la mañana en verano y a las seis en invierno el portero tocaba una campana, y aunque muchas veces se subieron a la parra y a la reja y le cortaron la cuerda, eso no impidió que los despertaran a esa hora, por dos razones: estaban muy cerca del Cabildo y además porque el portero tenía un reloj que funcionaba bien, entonces entraba con una campana de mano que hacía sonar en el oído de sus "enemigos"

Luego de despertarse, se formaban en fila en el claustro largo y helado y rezaban un padrenuestro y después iban a lavarse. El portero los despertaba y el celador los hacía formar. También cuenta que para evitar levantarse inventó un recurso que es el que cuenta en este fragmento. (Nota del Compilador)

•••

Me invade en este momento el recuerdo fresco y vivo de los primeros días pasados entre los obscuros y helados claustros del antiguo convento. No conocía a nadie, y notaba en mis compañeros, aguerridos ya a la vida de reclusión, el sordo antagonismo contra el nuevo, la observación constante de que era objeto, y me parecía sentir fraguarse contra mi triste individuo los mil complots que, entre nosotros, por el suave genio de la raza, sólo se traducen en bromas más o menos pesadas, pero que en los seculares colegios de Oxford y de Cambridge alcanzan a brutalidades inauditas, a vejámenes, a servidumbres y martirios. Me habría encontrado, no obstante, muy feliz con mi suerte, si hubiera conocido entonces el *Tom Jones*, de Fielding[1].

Silencioso y triste, me ocultaba en los rincones para llorar a solas, recordando el hogar, el cariño de mi madre, mi independencia, la buena comida y el dulce sueño de la mañana.

Durante los cinco años que pasé en esa prisión, aun después de haber hecho allí mi nido y haberme connaturalizado con la monotonía de aquella vida, sólo dos puntos negros persistieron para mí: el despertar y la comida. A las cinco en verano, a las seis en invierno, infalible, fatal, como la marcha de un astro, la maldita campana empezaba a sonar. Era necesario dejar la cama, tiritando de frío casi siempre, soñolientos, irascibles, para ir a formarnos en fila en un claustro largo y glacial. Allí rezábamos un Padre Nuestro, para pasar en seguida al claustro de los lavatorios.

¡Cuántas conspiraciones, cuántas tramas, qué gasto de ingenio y fuerza hicimos para luchar contra la fatalidad,

---

1 **Henry Fielding** (1707-1754). Novelista y dramaturgo inglés, conocido por sus escritos satíricos y humorísticos, y considerado como el creador de la tradición novelística inglesa. *Tom Jones,* su principal novela, es un clásico de la literatura picaresca.

encarnada a nuestros ojos en el portero, colgado de la cuerda maldecida! Aquella cuerda tenía más nudos que la que en el gimnasio empleábamos para trepar a pulso. La cortábamos a veces hasta la raíz del pelo, como decíamos, junto al badajo, encaramándonos hasta la campana, con ayuda de la parra y las rejas, a riesgo de matarnos de un golpe. Muy a menudo la expectativa nos hacía despertar en la mañana antes de la hora reglamentaria. De pronto oíamos una campana de mano áspera, estridente, manejada con violencia por el brazo irritado del portero, eterno *préposé* a las composturas de la cuerda. Se vengaba entrando a todos los dormitorios y sacudiendo su infernal instrumento en los oídos de sus enemigos personales, entre los cuales tenía el honor de contarme.

Atrasar el reloj era inútil por dos razones tristemente conocidas: la primera, la proximidad del Cabildo, que escapaba a nuestra influencia; la segunda, el tachómetro del portero que, bien remontado, velaba fielmente bajo su almohada. Algunas noches de invierno, la desesperación nos volvía feroces, y el ilustre cerebro amanecía no solo maniatado, sino un tanto rojiza la faz, a causa de la dificultad para respirar a través de un aparato, rigurosamente aplicado sobre su boca, y cuya construcción, bajo el nombre de "Pera de angustia", nos había enseñado Alejandro Dumas en sus *Veinte años después*, al narrar la evasión del duque de Beaufort del castillo de Vicennes. Todo era efímero, todo inútil, hasta que estuve a punto de inmortalizarme, descubriendo un aparato sencillo, pero cuyo éxito, si bien pasajero, respondió a mis esperanzas. En una escapada, vi una carreta de bueyes que entraba al mercado; debajo del eje colgaba un cuero, como una bolsa ahuecada, amarrado de las cuatro puntas; dentro dormía un niño. Fue para mí un rayo de luz, la manzana de Newton, la lámpara de Galileo, la marmita de Papín, la rana de Volta, la tabla de Rosette[2] de Champollion, la hoja enroscada de Calamaco. El problema estaba resuelto; esa misma noche tomé el más fuerte de mis cobertores, una de esas pesadas cobijas tucumanas

---

2   Se refiere a la legendaria Piedra Roseta.

que sofocan sin abrigar, la amarré debajo de mi cama, de las cuatro puntas, y cubriendo el artificio con los anchos pliegues de mi colcha, esperé la mañana. Así que sonó la campana, me sumergí en la profundidad, y allí, acurrucado, inmóvil e incómodo, desafié impunemente la visita del celador que, viendo mi lecho vacío, siguió adelante. Me preguntaréis quizá qué beneficio positivo reportaba, puesto que, de todas maneras, tenía que despertarme. Respondo, con lástima, que el que tal pregunta hiciera, ignoraría estos dos supremos placeres de todos los tiempos y todas las edades: el amodorramiento matinal y la contravención.

Mi invención cundió rápidamente, y al quinto día, al primer toque, las camas quedaron todas vacías. El celador entró: vio el cuadro, quedó inmóvil, llevó un dedo a la sien, y después de cinco minutos de grave meditación, se dirigió a una cama, alzó la colcha y sonrió con ferocidad.

Miguel Cané. *Juvenilia*. Buenos Aires: Centro Editor de América Latina, 1967.

Fray Mocho

Cada cual come en su plato...

–Si soy muy bárbaro, che... y cualesquiera cosa que me suceda me cai[1] como anillo al dedo... Figurate qu'estábamos en el incendio la otra noche casi entre el fuego... Yo ib'adelante con el macho ¿sabes? y por poco me augaban las llamas, que a cada vez qu'el vientito las empujaba o a mí me temblaba el puso, se me venían en bocanadas... pero el loco Pérez, qu'estaba a retaguardia le pegaba al chorro y a cada toqu'e la corneta que seguía cantando avancen, ganábamos un chiquito... ¡Te garanto, hermano, que hast'el recuerdo de aquella que vos sabés y que me tiene penando, se me fué de la memoria y que hubo instante en que ya me ví en San Roque aguardando cuero nuevo y a que me salieran pelos! ... Y un redepente, che, en momentos que una llamarada se venía como a lamberme, sentí una comezón en la barriga y ahí no más largué una carcajada y ya seguí riyéndome como loco...

–¿No digas?... ¿Y de qué ráibas d'ese modo?

–¡Aurita lo verás!... Cuando se vinieron abajo los tirantes y se cayó la paré y comenzó el botellerío a reventar como pororó, m'envolvió com'una nube, y ya ni ví a'nd'estaba, pero mantuve firme la coluna, che, y me seguí riyendo como si m'hicieran cosquillas... ¡La gran perra!... ¡Y en eso siento al

---

1   En estos textos se ha respetado la escritura original.

teniente que me hablaba de atrás, y en lugar de contestarle no pude aguantar la risa y me seguí riyendo no más! ... ¡Qué cosa barbara!

–¿Pero de qué diablos te ráibas d'ese modo?... Es preciso ser loco y medio...

–¿Qué querés?... Me acordaba, hermano, de que al venir en el carrito y pasar por junto a vos, que estabas de fación, volqué l'antorcha palumbrarte y te vi tan raro con tu casco blanco, siendo tan negro, que me dieron ganas de gritarle a tu comisario "cuide esa olla, señor, que se le v'a quemar la leche... mire qu' está alzando espuma...".

–¡Tu mama era sorda... y la pisó una bicicleta! ¿Por qué no te conchavás pa gracioso en algún tiatro, che...? La gran perra...! ¡Se te redama la gracia y será lástima qüe acabés en chicharrón... sin dejar siquiera un hijo!

–¡No te m'enojés, hermano, que ya sé que andas en la güena...! ¡Mirá...! Vos serás negro de casco blanco ¿sabés? y yo blanco de casco negro... pero vos sos suertudo como gringo y yo sin suerte como criollo y ando más abollao que tarro e lechero suelto...

–¡Te veo... bicho!... ¿Conque ya te llegó la cosa...? ¡Fijate como es la gente, che!

–¡Si me han dicho que vivís en un palacio y que chupas un coñaque y unos vinos que dan calor y que hasta dormís en una cama que parece un áltar...!

–Y es cierto, che... ¡No te han engañao!... ¡El negro Peralta no se muere ya sin saber lo qu'es vivir a lo rico!... ¿Te acordás de la parda Isidora, aquella ñata farfantona, medio tartamuda, que supo ser planchadora del finco Molina?... ¡Bueno!... Está de casera de una familia que ha salido a veranear y que l'ha dejan como raina... y, ¡claro! ¡Yo soy el rai!

–¡No vas a crer que es casa de cualquier cosa, che! Allí no ves sino el espeíero por todas partes y tenés unos cuartos de baño que tan sólo con mirarlos te ponen com'una lechuga... Si me vieses en la bañadera e la niña, qu'es pintada e color rosa, tal vez ni me conocías y no te digo a Isidora en eso de que se sienta en el vestíbulo cuando van a visitarla las amigas... ¡Si aquello es una comedia, hermano!

–¡Juna perra!... A eso le llamo suerte yo... ¿vés?

–¡Claro!... ¡Porque no contás con la contra!... Mirá... Yo vivo en un palacio, ¿sabés? duermo en cama grandota y me siento en sillones de terciopelo... pero ando en compañía de Isidora, qu'es un mono con polleras... mientras que vos, tal vez dormirás en catre y comerás en la fonda, pero si vas por la calle con la mujer que te quiere, vas rodiao de claridades y ande quiera ves jardines y tomás olor a flores... ¡Créme, che, en esta vida, cada cual come en su plato y se debe contentar!

José S. Álvarez. *Cuentos de Fray Mocho de Caras y Caretas*. Buenos Aires: Eudeba, 1963.

Fray Mocho

Las etcéteras[1]

-¡Tan perdidas que han estao! Así le decía Petronita las otras tardes, acordándonos de ustedes... ¡Qué amigas las de Colombini, m`hijita... aprendé a ser cariñosa!

-No crea, Encarnación... ¡Si no hemos venido no es por-que las hayamos olvidado, sino que con los teatros y los fríos y las enfermedades, que nunca faltan, no se tiene tiempo para nada!... Aura mismo... ¿ya ve?... he tenido que venir sola... La Chicha estaba con una jaqueca terrible... Creemos que ser`algo d`influencia... por los síntomas, ¿sabe?... ¡y por lo que anda tanto!... ¡Allá se quedó con María Luisa Rataplán... la hija del general... con quien se han hecho lo más amigas!... Como este año tomamos temporada en la Ópera y teníamos las lunetas juntas...

-¿No ves, mamá, cómo tenían razón las de Galillo?... Ellas nos dijeron que dos veces que habían ido al teatro las habían visto ustedes y nosotras no les queríamos crer...

-¿Y cómo les íbamos a crer, sabiendo como sabíamos, que habían estado de desgracia?...

-¡Ah!... ¡Sí!... Cuando la muerte de Felipe, mi cuñado... ¡Es verdá!... pero el médico nos prohibió que la entristeciéramos a la Chicha, y tuvimos que usar un luto así nomás... como para

---

1   Se ha respetado aquí la grafía original del autor, que se caracterizaba por reproducir el habla popular.

medio salir del paso… El pobre Federico ha tenido que hacer el duelo, solo… porque yo tenía que acompañarla y no era propio qu`ella`nduviera de claro y yo de negro… ¿no les parece?… ¡Y la Chicha estaba mal!… L`empazaron a dar como a modo de unos desmayos y tuvimos que hacerla ver… Los médicos l`hallaron propensísim`a una enfermedad grave… por la debilidá, y nos recetaron que no la privásemos de nada y que la hiciéramos pasiar y divertirse… Así me decía el padre… qué luto ni luto… primero está la Chicha que todo…

–¡Ya lo creo!… Y después… luto por un tío… que al fin no tenía más familia que ustedes…

–¡Así es!… Pues le tomamos abono en la Ópera, que nos ha costado un sentido por cierto… y carruaje para que vaya a Palermo… Suerte que su padre puede, que si no, no sé lo que hubiésemos hecho para aliviarl`a la probrecita…

–¿Pero aura seguirá bien ya?… Ésta vio el otro día en la crónica social…

–¡Ah!… Sí… ¡En el casamiento de Marí`Amelia… mi sobrina!

–No, mamá… no fue en la vida social, sino en una noticia que salió a los dos días… Decía que ustedes habían presenciado la boda y enviado un valiosísimo regalo…

–¡Era como si fuera en la crónica, aunque salió entre las noticias varias!… Fue una de las tantas picardías de los tales cronistas sociales, pero yo me les fui a la dirección nomás y les ajusté las clavijas… Figurensén que hasta en el casamiento de mi sobrina nos pusieron entre las ecéteras… ¡Aura sí que no permito el abuso, le dije a Federico, y me largué a la imprenta!… Nos han tenido con la sangre quemada todo el año… ¿Quieren crer que no nos pusieron ni una vez en las listas de las concurrentas a la Ópera?… Y eso que teníamos unas lunetas de adelante, casi al ladito del mismo Muñone… y que no faltamos ni una noche…

–Eso no es extraño, Rosaura… A ésta, no la nombran ni por casualidá cuando v`a los bailes del chircolo[2]… Los cronistas parece que tuvieran hasta las listas hechas… Siempre son los mismo nombres… ¡Un`especie de aviso de remate!… Nosotras no les hacemos ni caso…

---

2 El Círculo Italiano, lugar de reunión de la colectividad de esa nacionalidad.

–¡Lo mismo nosotras!... Pero, en esto de mi sobrina, el asunto era diferente... Figurensén que mandé un`alhaja riquísima, porque Federico quería quedar bien con el novio, qu`es un hombre de la política, qu`está de candidato pa no sé qué cos`en el Banco, y al otro día salimos conque figuraban en los diarios hasta zonceras de cinco pesos, qu`entre paréntesis hubo muchas... y Rosaura Gutiérrez de Colombini se quedó en el tintero.

–Y es claro, misia Rosaura... Si así sucede siempre... a mí me dij`una vez un cronista con quien hablab`en un baile d`estas cosas, que no valía la pena poner la crónic`a las gentes que tenían apellidos criollos, españoles o italianos... Qu`era una vulgaridá... porque resultaban listas como las de los vapores, llenas de errores y de inis y que se agitaba la idea, entre los cronistas, de cambiar los apellidos, ainglesándoselos o afrancesándolos, según los casos, a las familias pudientes que no podían dejarse afuera, y qu`ellos no comprendían cómo había gente conocida que se avenía con semejantes nombres...

–Lo qu`es yo, hijita... me llamo como me puso mi madre nomás, y a pensar d`eso no les he dejar que hagan su gusto... He de figurar en las listas y Chicha también... ¿Ya ven?... Me les largué a las imprentas y les arranqu`esa noticia...

–Sí... ¡Pero eso no se puede siempre!... ¿Cómo hace una para que la pongan, no teniendo apellido como el que esigen?... No hay más remedio que resinarse y tragar saliva...

–¡No crea! Lo qu`es aura yo ya s`el caminito, y conforme me dejen en el tintero... ¡zas!... una carta al director o una visita... ¡Yo v`ya`cer que a la Chicha me l`hagan figurar como le corresponde o ellos van a reventar!...

–¡Vea!... Y parece que la tal crónica no diera nada y da que es una barbaridá... ¡Nosotras conocemos unas muchachas qu`eran unas pobrecitas de por allá por los Corrales, y habían de ver aura lo que son!... Una d`ellas entró en amores con un tipógrafo que la empezó a`cer poner en las listas, y poco a poco las fue haciendo conocer... Hoy una está en el Correo lo más bien y la otra en una escuela, y el hermano, qu`era mayoral de trangüe[3], calzó en l`Aduana...

---

3 Mayoral de Tramway: conductor de tranvía.

–Sin contar con que Marcelina se casó con su tipógrafo y que tuvo unos regalos riquísimos… ¡Bueno!… Pero eso habían hech`un negocio de la cosa… las muchachas bien, del barrio, las buscaban para llevarlas a los teatros y a los bailes… por darse corte de personas relacionadas con gente conocida… Usté sabe lo qu`es la vanidá…

–Yo no lo haré por negocio ni por nada, pero no he de dejar que a la Chicha me la pongan entre las ecéteras ni a mí tampoco… Conforme salda de una fiesta, la mando a la Chicha con Federico y yo enderezco pa las imprentas a ver a los diretores… Ya verán como hasta yo h`e ser como el catecismo… ¡Me han de aprender de memoria!

Fray Mocho. *Cuentos.* Tomado de *Humorismo Argentino.* Buenos Aires: Eudeba, 1964.

Martiniano Leguizamón

El domador

¡Ah! tiempos... ¡Si era un orgullo
ver jinetiar un paisano!
Cuando era gaucho vaquiano,
aunque el potro se boliase,
no había uno que no parase,
con el cabresto en la mano.
Martín Fierro

Bruscamente, casi sin crepúsculo se hundió el sol en el horizonte. Por la extensión de la pampa ya invadida de sombra y de misterio, iban surgiendo las luces de los fogones en los ranchos lejanos. Desde el corral las ovejas poblaban el aire de balidos tristes y algún caballo recién desensillado galopaba en busca de la tropilla.

Junto a fogón de la estancia, mientras cantaba hirviendo el agua para el mate, se oían las risas y los gritos de los peones que esperaban la hora de la cena. Las llamas del fuego, onduladas por el viento iluminaban de vez en cuando rostros cobrizos, barbudos, que hubieran podido servir de modelo para alguna de esas vigorosas figuras de los "Herreros" y "Velásquez".[1]

---

1   "herreros y velásquez": cuadros de Herrera y Velázquez

–Si no cambia el viento, tenemos seca para largo tiempo –dijo uno de los paisanos, mirando ansiosamente con las pupilas clavadas en el firmamento en que se veían las pálidas estrellas.

–Viento norte, clavado, –aseguró otro–. A la tardecita no cantó ningún chingolo. Los patos han empezado a emigrar buscando otras aguadas... ¡Seca bárbara!

Un nuevo personaje se acercó en ese instante a la rueda de los peones[2] y los comentarios sobre aquella prolongada seguía cesaron. Venía de la ciudad adonde había ido conduciendo una tropa para los matadores.

–Has de traer el buche lleno de noticias; cuenta, hermano, cuenta –exclamó uno, alcanzándole un mate.

El recién llegado tomó asiento y, entre risas y exclamaciones de asombro, empezó a relatar "las gauchadas de unos jinetes gringos, de más allá de donde el diablo perdió el poncho, ingleses, que habían venido a probarse con los criollos, como enlazadores y domadores, por más que usaron lazo cortito de soga y todavía con guantes para no pelarse las manos".

El corro se animaba cada vez más, y el narrador seguía relatando las habilidades de aquellos hombres que sabían enlazar un novillo y dejando el caballo rienda arriba para que cinchase, se bajaban y volteaban al animal y le maneaban las patas con un cordel; o del negro que se enhorquetaba a un toro y lo hacía bellaquear.

–¡Y ésa es todavía la novedad que los tiene tan alborotados a los puebleros! –dijo irónico el más viejo del grupo en el mismo instante que pasaba el mate vacío al cebador, y acercando un tizón al cigarro lo encendía, luego continuó:

–¡Vaya una noticia fresca! Pero eso mismo lo sabía hacer cualquier gaucho que a solas le metía el lazo a un novillo ajeno y lo degollaba para sacarle una achura... Acaso cada peón por su lado no iba enlazando y meneando con el cabresto o cichón a los animales bravíos que no querían volver a la tropa. Y en cuanto a jinetear toros, pues ¡cuántos había que los montaban en pelos y con grillos sentándose a lo mujer!

---

2 Círculo de trabajadores de un establecimiento rural, habitualmente sentados alrededor del fuego.

Rieron en la rueda con la salida. Pero el de las noticias todavía se atrevió a insistir:

–Ves, viejo, es que estos gringos sombrerudos con camiseta colorada como Garibaldi, una vez que montan parece que se prenden en la montadura y no hieren al animal. Yo los he visto.

Es que no habrá domadores en nuestra tierra porque no hay gauchos, cuando vienen a querer enseñarnos criolladas los de afuera. Pero antes, como cantó Martín Fierro:

¡Ah! tiempos... ¡Si era un orgullo!

¡Ver jinetear a un paisano!

Y entusiasmado por el tropel de recuerdos que debieron desfilar ante su mirada, sintiendo tal vez en lo hondo de la entraña la herida abierta por las alabanzas tributadas a los que venían de afuera, olvidando lo que los hombres de su clase sabían hacer, lo que era su orgullo –como dice el poeta que ha penetrado hasta el fondo del alma gaucha–, el viejo paisano refirió una de esas ingenuas historias de los fogones campestres, llenas de superstición, de travesura y de colorido local.

Era el cuento del domador –una tradición de mi tierra– que desearía referir con ese arte sumo, en el cual las palabras parecen caídas de los labios mismos de los ingenuos interlocutores y que la descripción del vivo ambiente tiene la fuerza de color de la naturaleza, con toda su agreste y serena poesía.

El cielo se había encapotado; una que otra estrella muy pálida y lejana asomaba por entre los nublados y se extinguía. La luna aprisionada siempre en su doble círculo declinaba al ocaso sin proyectar sobre la negra llanura más que un lívido fulgor. Y el infinito y misterioso silencio de la noche en los campos, imperaba absoluto sobre la mude inmensidad.

Los hombres del fogón también callaban aguardando el cuento del domador, que el viejo demoraba, reconcentrado en sus recuerdos como si la taciturnidad del contorno le hubiera compenetrado el alma de mudez.

Pero al fin se animó y alzando la cabeza empezó gravemente a referir:

Mi padre, que supo ser jinete y era hombre de verdad, contaba que en sus mocedades había oído hablar de un tal Abdón Mendieta que nunca había sido caído por un caballo.

Lo buscaban para confiarle los animales más bravos, y en poco tiempo los devolvía ya mansos, como caballos de andar.

Fue allá en los Campos Floridos de don Mateo García Zúñiga, el estanciero más rico y generoso que se conocía en Entre Ríos por ese entonces.

En uno de sus corrales tenía un potro que ningún cristiano podía montarlo. ¡Parecía un huracán cuando bellaqueaba dando vueltas para tirar al domador!

Pues aconteció que un día don Mateo, que era un tanto bromista, ofreció una onza de oro al que pudiera mantenerse en este potro. Por supuesto, excitados por la moneda que el viejo había sacado del bolsillo y hacía brillar al sol, a más de uno se le ocurrió ganar el premio, pero apenas lo montaban y eran tirados por el suelo.

En el grupo se encontraba Abdón, y como no faltó quien le dijera al patrón que aquel mozo era buen jinete, al punto don Mateo le dijo:

–¿Quieres montarlo, pardito?

–Sí, señor, ¿por qué no? –y ajustándose el pantalón, se aflojó las espuelas y se ató un pañuelo a la cabeza para sujetar los cabellos.

El potro que estaba ensillado, haciéndose el manso lo dejó acercarse. Abdón le pasó la mano por la oreja, metió los dedos en el estribo, alzó la pierna, y lo montó, después se afirmó en las riendas, echó el cuerpo para atrás y le dio en los costados con las espuelas.

El caballo resopló y comenzó a saltar, dando brincos como un loco, cimbrándose de un lado a otro, se abalanzaba, hacía un arco del lomo, metía la cabeza entre las manos, alzaba las patas de atrás y se ponía derecho, saltaba para adelante y furioso saltaba atrás, daba vueltas, doblaba el pescuezo, y Abdón, clavado en la silla, riéndose, le hacía jugar las espuelas y lo enloquecía tirando de las riendas.

Don Mateo se reía, y los espectadores sin dar la partida por ganada, decían con envidia: –Aurita nomás te hace comprar terreno, pardito, por boraciador[3].

---

3 *Boraciador*: voraz, que quiere comer más que lo que le pide el estómago, y aquí, que quiere realizar una tarea difícil, para la que no tiene capacidad.

El potro seguía dando saltos y echaba espuma de rabia, dando vueltas como un remolino. El domador no se movía siquiera; ¡parecía que había echado raíces en el lomo del caballo!...

De repente encogió las orejas, soltó un relincho y huyó campo afuera y ganó los montes, sin que los otros domadores pudieran alcanzarlo.

Así llegó la noche. Al día siguiente, al amanecer, salieron en su busca pero no encontraron ni los rastros. Pasaron varios días y nadie supo dar noticias ni del caballo ni del domador. ¡Parecía que se los había tragado la tierra!...

Sin duda le había matado contra algún árbol en el monte.

Así lo creyeron todos; ¡y quién no lo había de creer!

Algunos años después, una mañanita en que precisamente estaban domando una manada de caballos en el mismo corral de don Mateo, los paisanos vieron aparecer de repente a un gaucho con barba larga, montado en un potro porcelano, que venía al trotecito.

Nadie lo conocía y cuando llegó a la puerta del corral y le dieron los buenos días, el paisano contestó:

–Yhigihigigihigiggigigiggg... –¡Era un relincho! De tanto andar entre los montes montado en el caballo, el domador se había olvidado de hablar.

Una carcajada general siguió al final de aquel extraño relato, que yo escuchaba conmovido, sintiendo erguirse en mi interior la imagen del antiguo domador cuyas proezas legendarias entran ya en el campo de nuestro folklore, como el símbolo del coraje y la destreza de ese admirable tipo que se pierde.

Martiniano Leguizamón. *Junto al fogón y otros relatos.* Buenos Aires: Eudeba, 1966.

Gabino Ezeiza

Payadas

Gabino Ezeiza fue un célebre payador, que puso su voz y su guitarra al servicio de campañas cívicas o de luchas civiles. Como señala el oficio, era un gran improvisador, y muchas de sus coplas quedaron grabadas en la memoria. Se cuentan que le proyectaban imágenes luminosas con una linterna y él las comentaba en verso improvisando sobre lo que le sugería. De una de estas veladas surgió la siguiente payada donde debió responder qué eran los logaritmos. Hombre de escasa formación, apenas si había escuchado esa palabra, por lo que pidió que alguien le informara sobre el tema, y a continuación improvisó estos versos. (N. de C.)

•••

Logaritmo

Señores, voy a explicar
la ciencia del logaritmo,
si acierto a cantar el ritmo
de mi modesto payar:
pongamos para empezar
dos progresiones enfrente,
por diferencia y cociente
correspondiendo entre sí.

Y ¡ahijuja!, saldrá de aquí
un sistema sorprendente.
Si digo cero, uno, dos
y tres, cuatro cinco y seis
esta progresión veréis
como concuerda con los
términos de otra, uno, dos,
cuatro, ocho y dieciséis...
Analogía tendréis
según Juan Nepper dedujo,
explicándonos por lujo
lo que ahora observaréis...

• • •

Otro tanto sucedió cuando le pidieron que definiera la metempsicosis. No se inmutó. Los guitarrazos (¡rum, rum!) le daban tiempo para cavilar su respuesta. (N. de C.)

Al que me mete en sicosis (¡rum!)
al que me mete en sicosis (¡rum!)
al que me mete en sicosis
le digo en estilo vario (¡rum, rum!)
le digo en estilo vario
le digo en estilo vario (¡rum, rum!)
al que me mete en sicosis
le digo en estilo vario,
¿por qué al mandar la pregunta
no me mandó el diccionario? (¡rum!)

• • •

En un homenaje al doctor Rodolfo Moreno, gobernador de Buenos Aires, lo esperaban con asado y empanadas. Y claro, estaba Gabino Ezeiza que lo recibió con este saludo (N. de C.):

"Llega Mariano Moreno"...
(Alguien le susurró: "No se llama Mariano, se llama Rodolfo"... pero el cantor siguió tranquilo:)
"Llega Mariano Moreno;
llega Mariano Moreno;
aunque se llama Rodolfo
según me lo están diciendo"...

Jorge M. Furt. *Cancionero popular rioplatense*. Buenos Aires: Casa Editora "Coni", 1923.

Nemesio Trejo

La Ley N° 2860[1]

-¿Doña Concepción Castro?

-Yo soy ¿qué se le ofresía?

-Le traigo esta sitasión del juzgao pa que comparesca mañana a la noche a contestar la demanda que le ha instaurao la patrona é la casa por desalojo.

-¡Ya me lo imaginaba! ¿y por qué me sita el juez de noche?

-Porque el juez recibe las audensias de noche.

-¡Ah! recibe de noche como las ricas. Ta güeno, iré. Eisa sitasión, señor, que me hace la encargada es porque le saqué los cueritos al sol el otro día delante é los vecinos. Como yo soy una mujer sola que me gano la vida con el sudor de mi frente, no como ella, que cambea a cada rato de vestido y no se sabe de ande salen, porque su ocupación puramente es refunfuñar a los vecinos, se ha vengao hasiéndome sitar. No me importa porque yo también tengo mis amistades que las haré valer. No se craiga que la va á correr sin susto ni va á afaitarme sin jabón por más que ella dice que el juez le prové de conformidad cuando le pide algo y el secretario le levanta cuentas o no sé qué, puede ser que las flores se le güelvan cardos y creyendo oler un rasimo é nardos se pinche las narises con ortigas.

---

1 En este texto se ha respetado la grafía original del autor, que hace hincapié en la forma hablada de los personajes.

–Güeno, hay[2] le dejo eso.

–Y diga, señor alcaide[3]...

–Yo no soy alcaide. Soy el ordenansa del juzgao que repre-. sento al juez en estas deligencias judiciales.

–Mucho gusto, y diga: ¿tengo que dir'á la jüerza?

–Si no va, de acuerdo con la ley número 2860, se le levanta el auto en rebeldía; le dan dos o tres días pa el desalojo y viene el oficial de justicia y la fleta pa la calle como por un canuto[4].

–Pa su mais se van las vacas; que había sido juerte la ley esa. Güeno, eso será pa los pobres, porque pa los ricos la ley tendrá otro número más bajo...

–No sé, señora. Hay le dejo eso y adiós.

–Adiós! Este á é ser el corchete[5] del juzgao, el que limpia los borrones que echan los superiores. Ya le han de haber untao con algo pa que me venga á largar esta demanda. Iré al juzgao no más...

–¿Usted es Concepción Castro?

–Sí señor, pa servirlo.

–Aquí la demanda la señora por desalojo de la pieza que ocupa en su casa y dice que usted le debe tres meses de alquiler. ¿Es cierto esto? ¿Tiene usted el último recibo?

–Vea señor juez, a mi gracias a Dios nunca en mi vida me han demandao por nada ante ninguna autoridá, porque sin ofender á naides, he sido muy honrada y no como esas que aparecen muy dinas por encima como frente de casa recién pintáo y los cuartos de adentro llenos de goteras, perdonándoseme el mal modo de hablar y ya que he dao este mal paso como me decía mi finao ánima bendita, al presentarme al Juzgao quiero decirle, á esta señora cuántas son cinco á ver si se le pone algo colorao aunque no sea más que las orejas.

–Le advierto á Ud. que está ante el juez contestando una demanda por desalojo y que debe abstenerse de proferir palabras ofensivas á la moral del recinto y de las partes.

---

2 "Hay" por el adverbio de lugar "ahí".

3 Alcaide: guardián de presos en las cárceles.

4 Canuto: cañón hueco que sirve para diferentes usos.

5 Corchete: figuradamente, ministro de justicia.

–¡Pucha! que habían sido delicadas las partes en el juzgao. Yo tengo, señor juez, cartas de recomendación del dotor Jimenes, que ha sido como hermano é leche mío cuando éramos chicos, porque él iba siempre á tomar leche al tambo é mi tío y puedo traerselás pá que vea quien soy yo.

–Aquí no se admiten recomendaciones de nadie. Yo cumplo con la ley y nada más. Si usted debe tres meses y no justifica lo contrario presentando el recibo de alquiler, tiene cinco días para mudarse. Levántele el acta señor Secretario.

–Sí ¿eh? ¡parese que se va á cair! A mí no, señor Juez, que le levante á ella que está acostumbrada ya á que le levante, á mí no me han de levantar nada, porque gracias á Dios soy pobre pero muy honrada. Ya sabía yo que á mí me iban á aplicar otra ley.

–No, señora, la única que hay, la ley Nº 2860.

–Eso pá mí, á, ella pueda ser que le hagan una rebajita. Adiós y me voy á verlo al dotor Jimenes.

–Señora, cumplo con la ley, me mandan que la lance y la lanzo.

–Saquen no más, ladrones, y tiren mis cachivaches al patio; que eso lo hasen con una pobre mujer sola y honrada. Si juera de esas que se dejan levantar atas, no le harían nada; pero las pobres somos las achuras[6] de las reses. ¡Juna gran siete![7] yo tuve una patrona que debía un año de alquiler y pa desalojarla le trajieron carros pá los muebles y coche pá ella y tuavía le dieron plata pá que pagase en otro lao. ¡Así son las leyes de mi patria: pá los pobres la ley número 2860, pá los sinvergüenzas la ley del embudo! ¡Tirá no más!

Nemesio Trejo. *Los costumbristas del 900*. Buenos Aires: CEAL, 1980.

---

6   Achuras: intestinos de res.

7   "Juna gran siete". Eufemismo en lugar de una conocida expresión soez.

Nemesio Trejo

Lección de derecho

–Güenas tardes, señor.

–Muy buenas, ¿qué se les ofrecía?

–¿Es aquí el escritorio del doctor Pansa de agua?

–Pasalagua, será.

–Es lo mesmo, señor.

–Yo soy, ¿qué deseaban ustedes?

–Dispense, dotor, si le he faltao de entrada.

–Está dispensado.

–Venía, señor, con esta recomendación de don Pedro pa usté, porque después de cuatro años que la he corrido en yunta[1] con ésta que es mi mujer, me ha empezado á aflojar como caballo manco é la cuerda[2] y no quiere tirar parejo conmigo, empacándoseme á cada rato, sin querer agarrar freno. Yo he visto en un libro que me ha prestao un vecino procurador –diciéndome que era la lay– que cuando el marido y la mujer no se avenían en sus pareseres, podían separarse, enderesando cada cual pande mejor le conviniese, repartiéndose los bienes la mitá pa cada uno. Por eso vengo resinao como novillo é matadero á que usté que sabe más que nosotros, porque es dotor, nos arregle esto que se nos ha desarreglao.

---

1 Yunta: par de animales, pareja.

2 Cuerda: tendón.

–¿Qué cosa?

–La tranquilidá.

–¿Y usted puede concretar los hechos en que va á fundar su titis[3] para encarar la cuestión dentro de las exigencias de la ley?

–Eso no sé, dotor, si podré; pero haré lo posible.

–No me ha entendido usted. Quiero decirle que la disolución del vínculo matrimonial exige una serie de formalidades...

–Vea, dotor, en cuanto a formal soy más que ella y sinó que lo digan todos los vecinos del patio[4]. Lúnico que tengo yo es que soy un poco peresoso y me levanto tarde, porque tampoco mis ocupaciones me exigen hora fija.

–¿Y en qué se ocupa usted?

–En acompañarla á ésta cuando sale.

–¿Y la señora en qué trabaja?

–En lo que encuentra, dotor. ¡Es muy busca vida eso sí! Yo no tengo queja de que haiga dejao un día de trair pal mórfil, pero hase tiempo que caí al cotorro[5] desabrida y con mañas nuevas, levantándome la vos algunas veces con aire de autoridá y yo creo que no porque me mantenga –que después de todo no hese más que su deber– no tiene derecho a mortificar mi tranquilidá.

–¿Y usté qué dice á todo esto?

–Dejeló nomás, dotor, que se desaugue y cuando haiga largao todo el vapor, voy a dentrar yo á quejarme, que también me duele.

–Yo ya he acabao.

–Hable usted, señora, entonces.

–Mi vida, señor dotor dende que entré á entenderme con éste nos casamos como vulgarmente se dice, ha sido más aporriada que pelota inglesa.

Tan pronto me subía á los aires ensalsando mis afanes, como me arrastraba por el suelo criticando mis asiones. Yo no he tenido más defeto, señor, que tener un corazón blando y

---

3 Titeo: broma, burla.

4 La mención del patio indica que viven en un conventillo, marco habitual de las acciones de los sainetes, género cultivado por Trejo.

5 Cotorro: aposento, cuarto.

abierto, y como los hombres, en cuanto ven blandura y puerta abierta se les hace el campo orégano, me he encontrao enredada algunas veces entre los cardales del cariño, que después de todo, ¿pa qué ha nasido uno, sino pa haser su gusto en vida? A éste no le importaba que yo me enredase, siempre que al salir del enriedo me trajese el fallo del cardo, pero á veces, señor, no se sacan más que arañasos, cuando no se dejan las lonjas en las espinas.

–¿Ha visto dotor, todo lo que ha aprendido?

–Déjela que termine.

–Pues como le iba disiendo, he sido y soy corasón de manteca y como en estos últimos tiempos se ha puesto todo tan mal por el cambio de gobierno y las güelgas de todas clases que han salido ahura, mis trabajos no han lusido lo que debían y este señor, y dispense la indirecta, forma cada estrilo, cuando me ve llegar de vasido, más negro que el tormento é la miseria y me empiesa á echar en cara mis travesuras pasadas y á llenarme la cabeza de palabras que no se las repito porque le va á entrar chucho[6], dotor, y á más se da el lujo de refilarme[7] una que otra biaba; por lo tanto he resuelto, junto con él, separarme de su lao, aunque, lo sienta.

–Bueno entonces, tráigame la partida de matrimonio y vamos á iniciar el juicio.

–¿La qué dise?

–La partida de matrimonio.

–Pero dotor, avise si me ha visto cara é moso é tienda, me quiere tomar pa la vida social. Si yo con ésta tengo el mismo vínculo que con usté. ¿Matrimonio? ¡pa los otarios![8] el hombre debe ser suelto como camisión de chino, pa correrla más liviano. Si nosotros hemos venido pa que nos diga á quien le pertenece –una vez que agarremos cada uno pa su lao– la cama y dos sillas que hemos comprao a pagar por semana.

–¿Y cuánto han pagado ya?

6 Chucho: escalofrío.

7 Refilar: dar, entregar.

8 Otario: en lenguaje delictuoso es el cándido, el elegido para hacerlo víctima de una estafa. Por extensión, tonto.

–Tuavía nada más que la primer semana.

–Entonces, le pertenecen el dueño de los muebles, porque si no le pagan se los embargará.

–Qué atrasado está usté, dotor, en pleitos. No ve que los muebles de indispensable uso no se pueden embargar.

–¿Y dónde ha aprendido usted eso?

–Con el vesino procurador que le dije, que ha andao mucho tiempo por el saguán del Tribunal con Martín el pescador, el gringo Juan y el negrito Patrisio.

–Pues entonces, vayan á que él les resuelva el punto.

–Ta bién, dotor, pero pa ese viaje no necesitaba riendas nuevas. Adiós y apunte en sus libros que los muebles de indispensable uso no se pueden embargar. Vamos Dolores... (aparte). El dotor éste sabe tanto de leyes como yo de hacer ravioles.

Nemesio Trejo. *Los costumbristas del 900.* Buenos Aires: CEAL, 1980.

Nemesio Trejo

Afilando[1]

–Adiós, fea.

–Adiós, lindura.

–¿Hasta cuándo me va é tener penando? ¿Usté se ha crai-
do que porque estoy gordo, soy empliao de gobierno? No,
mi vida. Yo voy crusando la existencia, como dise el pueta
Fernandes Espiro[2], entre una nuve é sinsabores. Pa mí la vida
es lo mesmo que una chata[3] cargada é vidrios. Cuando va
por el afirmao de madera se escurre como cincha engrasada,
pero en cuanto se mete al empedrao bruto, los barquinasos le
rompen la carga.

Así soy yo. Si vos me atendés me refalo por el camino é la
suerte como automóvil con rueda é goma; si no me llevás el
apunte, soy como carro é cola que á saltos y trompesones lleva
las vigas del cariño pal corralón de la desgrasia.

–Usté ha de haber estudiao con el dotor Quintana[4], ¿no
es cierto?

---

1   Afilar: cortejar, galantear; mantener diálogo amoroso (lunfardo).

2   Diego Fernández Espiro (1862-1912). Poeta y periodista que actuó como periodista de partido y de combate. Sus temas predilectos fueron la mujer y la patria.
En 1891 Mariano de Vedia había recogido algunos de sus poemas en *Espejismos*.

3   Chata: carro o vagón.

4   Se refiere a Manuel Quintana, entonces presidente de la Nación.

–¿Por qué?

–Por lo hablador.

–¡No le digo! Si ustedes son como la pana, en cuanto las sepillan pal lao contrario paran el pelo. El amor m'ijita es como el truco. Cuando se dan las cartas que es al empesar el juego, no se hase más que orejiar[5] pa ver si liga[6]. Si pinta el palo –que quiere desir: que se han entendido– el hombre envida[7] y, si le gusta á la mujer, le quiere y á veses ella le revida, que es como diciéndole –también te quiero, mi alma–. Se canta el punto[8], que es lo mismo que si se dijieran la verdá. El hombre truca' pa seguir la jugada y si la mujer tiene un juego bravo, un falso y le revienta un caballo en el lomo como se dice; está agarrando los dos tantos y retrucando[9] pa ver si es mentira. No cuento las flores, porque á veses se güelven espinas con un resto, que es como si dijiéramos; no se pase que va á cortar el alambrao. ¿Qué le parece?

–Que pinta muy bien el amor usté a su modo, y yo creo que no es eso, sino que el amor es como el croché ' Se empiesa por un hilo y concluye en una colcha. Los primeros eslabones, son los coloquios en las esquinas ó debajo de un farol. Cuando entra la cadeneta[10], es que ya se han entendido y se van agarrando como bichos é cesto y cuando se ha formao el cuadro es por que se han prendido en unión franca y sinsera y viven estrechos como corredor de barco.

–No lo ha pintao mal tampoco al amor y si yo he estudiao con Quintana, usté por lo menos ha laido algún libro del dotor Gonsales[11].

---

5   Orejear: descubrir poco a poco las "pintas" o "colores" (señales que indican el palo de los naipes). Consiste en hacer resbalar los naipes suavemente, uno tras otro, moviéndolos por la punta (argentinismo)

6   Liga: sustantivo derivado del popular "ligar", en el sentido de zurrar, castigar. Castigo.

7   Envidar: hacer envite en el juego. Gritar envido.

8   Punto: en algunos juegos el as de cada palo.

9   Retrucar: en el truco, envidar contra sobre el primer envite.

10   Cadeneta: labor en figura de cadenilla.

11   Joaquín V. González (1863-1923). Ensayista, narrador, político de extracción roquista, educador y jurista. En 1905, año de la publicación de esta

-Nada de eso. Pa sentir y querer, no hasen falta libros. Yo donde chiquita he sido como la abeja -he dao siempre miel y cuando me la han querido robar, le he metido la lanseta[12] al ladrón. Han dentrao los que yo he querido a la colmena. Unos se llevabań el dulse y otros la cera, porque para eso la tenía y el cariño es como el trigo, se planta en tierra bien carpida pa que largue mejor grano.

-Es cierto, prenda. Ha filosofao mejor que el menistro de agricultura; pero dejemos ese floreo que está bien pa Guido Espano[13] y dentremos nosotros en materia, que pa mirar contra el sol, es presiso no ser bisco.

-Bueno, lárguese, destape el tarro y vuelque su pasión, pa ver si asierta en la coyuntura.

-Vea, m'ija: Yo he manejao como dies años las riendas, he crusao el mundo á veses montao en pelo y otras en ancas de algún querer; me he afeitao solo cuando he tenido buena navaja y he escupido por el cormillo más de una vez; por lo tanto lo mesmo me da bajarme del tranguay cuando camina, que tomar alquitrán pa la ronquera.

-No le entiendo.

-Es claro, porque le hablo por música. Si lè dijiera cuatro safadurías si la iba á entender; pero cuando una persona regularmente educada, se explica en tono de solfa como quien dice con gramática ustedes se quedan como italiano en un sermón mirando pal suelo y escupiendo.

-Adiós Larreta, ¡que había sido istruido unté! ¿Avise si es pariente é Roldán[14] que cuando habla hase abrir la boca?

---

página, era Ministro del Interior de la presidencia del doctor Quintana y, como tal, elaboró la Ley de Residencia. Para entonces ya había publicado *Mis montañas* (1893), *Cuentos* (1894), *Problemas escolares* (1900) y *Educación y gobierno* (1905).

12   "Lanseta" porque trata de reproducir la fonética rioplatense; en realidad, lanceta (aguijón).

13   Carlos y Guido Spano (1827-1918). Autor argentino cuya actividad poética pero pleno de resonancias librescas, le dio en su vejez una celebridad casi mítica entre sus contemporáneos. Autor de *Hojas al viento* (1871) y *Ecos lejanos* (1895).

14   Belisario Roldán (1873-1922). Poeta, autor teatral (*El rosal de las ruinas*, *El puñal de los troveros*), orador -muchas veces improvisador- de gran repercusión popular, especialmente por sus discursos patrióticos.

-No, m'ija, no tengo tanta labia, pero he hecho mis primeros estudios en lo é Peuser[15] llevando libros de sesenta kilos.

-¿Pa estudiar?

-No, pa cargar en la chata, pero el que anda entre el dulce, como disen, algo se le pega. Si de los sesenta kilos que tenía cada libro, me ha quedao en la mollera[16], medio kilo por lo menos, excuso desirle los kilos de ilustresión que se me han metido.

-Es claro.

-Y reculando la conversación, le diré que el hombre y la mujer han nasido pa quererse ó pa no quererse, pero por lo menos han nasido pa entenderse y nosotros hase tiempo que andamos recostándonos contra el cerco, pudiendo saltar el elambrao y se lo digo medio al revés pa que lo entienda al derecho. Así, pues, ¿por qué no nos hemos de entender, si usté comprende mis intensiones y yo sino le conosco el fondo, por lo menos le adivino los tapiales? Son tan mentirosos los hombres que á veses hasta testando no dicen la verda; de manera que suspendamos la sesión de esta tarde porque voy apurada al mercao á comprar carne blanda pal patrón que tiene flojas las muelas y mañana continuaremos. Bueno, prenda, vaya por lo blando y no se olvide que mañana á la misma hora, estoy aquí clavan como un poste é correo.

-Y yo vendré á echarle la contestasión al busón.

-Bueno mi alma (aparte). Ariscona pero va á cair.

Nemesio Trejo. *Los costumbristas del 900.* Buenos Aires: CEAL, 1980.

---

15   Librería y empresa editora liderada por Jacobo Peuser a partir de 1891 en un local de la calle Cangallo esquina San Martín.

16   Mollera: parte superior de la cabeza.

Roberto Payró

El maestro y el monitor

Acabé por acostumbrarme un tanto a la escuela. Iba a ella por divertirme, y mi diversión mayor consistía en hacer rabiar al pobre maestro, don Lucas Arba, un infeliz español, cojo y ridículo, que, gracias a mí, se sentó centenares de veces sobre una punta de pluma o en medio de un lago de pega-pega, y otras tantas recibió en el ojo o la nariz bolitas de pan o de papel cuidadosamente masticadas. ¡Era de verle dar el salto o lanzar el chillido provocados por la pluma, o levantarse con la silla pegada a los fondillos, o llevar la mano al órgano acariciado por el húmedo proyectil, mientras la cara se le ponía como un tomate! ¡Qué alboroto, y cómo se destornillaba de risa la escuela entera!

Mis tímidos condiscípulos, sin imaginación, ni iniciativa, ni arrojo, como buenos campesinos, hijos de campesino, veían en mí un ente extraordinario, casi sobrenatural, comprendiendo intuitivamente que para atreverse a tanto era preciso haber nacido con privilegios excepcionales de carácter y de posición.

Don Lucas tenía la costumbre de restregar las manos sobre el pupitre -"Cátedra" decía él- mientras explicaba o interrogaba; después, en la hora de caligrafía o de dictado, poníase de codos en la mesa y apoyaba las mejillas en la palma de las manos, como si su cerebro pedagógico le pesara en demasía. Observar esta peculiaridad, procurarme picapica y espolvorear con ella la cátedra, fueron para mí cosas tan lógicas como agradables. Y repetí a menudo la ingeniosa operación, entusiasmado con el éxito, pues nada más cómico que ver a don Lucas rascarse primero suavemente, después con cierto ardor, en seguida rabioso, por último frenético hasta el estallido final:

–¡Todo el mundo se queda dos horas!

Iba a lavarse, a ponerse calmantes, sebo, aceite, qué sé yo, y la clase abandonada se convertía en una casa de orates, obedeciendo entusiasta a mi toque de zafarrancho; volaban los cuadernos, los libros, los tinteros –quebrada la inercia de mis condiscípulos–, mientras los instrumentos musicales más insólitos ejecutaban una sinfonía infernal. Muchas veces he pensado, recapitulando estas escenas, que mi verdadero temperamento es el revolucionario y que he necesitado un prodigio de voluntad para ser toda mi vida un elemento de orden, un hombre de gobierno...

Volvía, al fin, don Lucas, rojo y barnizado de ungüentos, con las pupilas saltándosele de las órbitas –espectáculo bufo si los hay–, y, exasperado por la intolerable picazón, comenzaba a distribuir castigos supletorios a diestra y siniestra, condenando sin distinción a inocentes y culpables, a juiciosos y traviesos, a todos, en fin... A todos menos a mí. ¿No era yo acaso el hijo de don Fernando Gómez Herrera? ¿No había nacido "con corona", según solían decir mis camaradas?

¡Vaya con mi don Lucas! Si mucho me reí de ti, en aquellos tiempos, ahora no compadezco siquiera tu memoria, aunque la evoque entre sonrisas, y aunque aprecie debidamente a los que, como tú entonces, saben acatar la autoridad política en todas sus formas, en cada una de ellas y hasta en sus simples reflejos. Porque si bien este acatamiento es la única base posible de la felicidad de los ciudadanos, la verdad es que tú exagerabas demasiado, olvidando que eras también "autoridad", aunque de infinito orden. Y esta flaqueza es para mí irritante e inadmisible, sobre todo cuando llega a extremos como éste.

Una tarde, a la hora de salir de la escuela y a raíz de un alboroto colosal, don Lucas me llamó y me dijo gravemente que tenía que hablar conmigo. Sospechando que el cielo iba a caérseme encima, me preparé a rechazar los ataques del *magister* hasta en forma viril y contundente, si era preciso, de tal modo que, como consecuencia inevitable, ni yo continuara bajo su férula ni él regentando la escuela, su único medio de vida: un arañazo o una equimosis no significaban nada para mí –era y soy valiente–, y con una marca directa o indirecta de don Lucas obtendría sin dificultad su destierro de Los Sunchos, después de algunas otras pellejerías que le dieran que rascar. Considérese, pues, mi pasmo, al oírle decir, apenas estuvimos solos, con su amanerado y académico lenguaje, o, mejor dicho, prosodia:

–Después de recapacitar muy seriamente, he arribado a una conclusión, mi querido Mauricio... Usted (me trataba de usted, pero tuteaba a todos los demás), usted es el más inteligente y el más aplicado... No, no se enfade todavía, permítame terminar, que no ha de pesarle... Pues bien, usted que todo lo comprende y que sabe hacerse respetar por sus condiscípulos, mis alumnos, puede ayudarme con verdadera eficacia, sí, con la mayor eficacia, a conservar el orden y mantener la disciplina en las clases, minadas por el espíritu rebelde y revoltoso que es la carcoma de este país...

Aunque sorprendido por lo insólito de estas palabras, pronunciadas con solemne gravedad, como en una tribuna, comencé a esperar más serenamente los acontecimientos, sospechando, sin embargo, alguna celada.

–Pero no he querido –continuó don Lucas, en el mismo tono– adoptar una resolución, cualquiera que ella sea, sin consultarle previamente.

El aula estaba solitaria y en la penumbra de la caída de la tarde. Junto a la puerta, yo veía, al exterior, un vasto terreno baldío, cubierto de gramíneas, rojizas ya, un pedazo de cielo con reflejos anaranjados, y, al interior, la masa informe y azulada de los bancos y las mesas, en la que parecía flotar aún el ruido y el movimiento de los alumnos ausentes. Esta doble visión de luz y de sombra me absorbió, sobre todo, durante una pausa trágica del maestro, para preparar esta pregunta:

–¿Quiere usted ser monitor?

¡Monitor! ¡El segundo en la escuela, el jefe de los camaradas, la autoridad más alta en ausencia de don Lucas, quizá en su misma presencia, ya que él era tan débil de carácter!... ¡Y yo apenas sabía leer de corrido, gracias a Mamita! ¡Y en la escuela había veinte muchachos más adelantados, más juiciosos, más aplicados y mayores que yo! ¡Oh! Estos aspavientos son cosa de ahora; entonces, aunque no esperara semejante ganga, y aunque mucho me sonriera el inmerecido honor, la proposición me pareció tan natural y tan ajustada a mis merecimientos, que la acepté, diciendo sencillamente, sin emoción alguna:

–Bueno, don Lucas.

Yo siempre he sido así, imperturbable, y aunque me nombraran Papa, mariscal o almirante, no me sorprendería ni me consideraría inepto para el cargo. Pero deseando ser enteramente veraz, agregaré que el "don Lucas" de la aceptación había sido, desde tiempo atrás, desterrado de mis labios, en los que las contestaciones se limitaban a un sí o un no, "como Cristo nos enseña", sin aditamento alguno de señor o don, como nos enseña la cortesía. Y ésta fue una evidente demostración de gratitud...

Después he pensado que, en la emergencia, don Lucas se condujo como un filósofo o como un canalla: como un filósofo, si quiso modificar mi carácter y disciplinarme, haciéndome precisamente custodio de la disciplina; como un canalla, si sólo trató de comprarme a costa de una claudicación moral, mucho peor que la física de su pata coja. Pero, meditándolo más, quizá no obrara ni como una ni como otra cosa, sino apenas como un simple que se defiende con las armas que tiene, sin mala ni buena intención, por espíritu de conservación propia, y utiliza para ello los medios políticos a su alcance –medios poco sutiles a la verdad, porque la sutileza política no es el dote de los simples–.

Para los demás muchachos, el ejemplo podía ser descorazonador, anárquico, desastroso como disolvente, porque don Lucas no sabía contemporizar con la cabra y con la col; pero ¡bah! Yo tenía tanto prestigio entre los camaradas, era tan fuerte, tan poderoso, tan resuelto y tan autoritario, para decirlo todo de una vez, que el puesto gubernativo me correspondía como por derecho divino, y muy rebelde y muy avieso había de ser el que protestara de mi ascensión y desconociese mi regencia.

Comencé, pues, desde el día siguiente, a ejercer el mando, como si no hubiera nacido para otra cosa, y seguí ejerciéndolo con grande autoridad, sobre todo desde el famoso día en que presenté a don Lucas mi renuncia indeclinable...

He aquí por qué:

Irritado contra uno de los condiscípulos más pequeños, que, corriendo en el patio, a la hora del recreo, me llevó por delante, levanté la mano, y sin ver lo que hacía le di una soberbia bofetada. Mientras el chicuelo se echaba a llorar a moco tendido, uno de los más adelantados, Pedro Vázquez, con quien estaba yo en entredicho desde mi nombramiento de monitor, me faltó audazmente al respeto, gritando:

—¡Grandulón! ¡Sinvergüenza!

Iba a precipitarme sobre él con los puños cerrados, cuando recordé mi alta investidura, y, conteniéndome, le dije con severidad:

—¡Usted, Vázquez! ¡Dos horas de penitencia!

Me volvió la espalda, rudamente, y se encogió de hombros, refunfuñando no sé qué, vagas amenazas, sin duda, o frases despreciativas y airadas. Este muchacho, que iba a desempeñar un papel bastante considerable en mi vida, era alto, flaco, muy pálido, de ojos grandes, azul oscuro, verdosos a veces, cuando la luz les daba de costado, frente muy alta, tupido cabello castaño, boca bondadosamente risueña, largos brazos, largas piernas, torso endeble, inteligencia clara, mucha aptitud para los trabajos imaginativos, intuición científica y voluntad desigual, tan pronto enérgica, tan pronto muelle.

Aquel día, cuando volvimos a entrar en clase, Pedro, que estaba en uno de sus períodos de firmeza, apeló del castigo ante don Lucas, que revocó *incontinenti* la sentencia, quebrando de un golpe mi autoridad.

—¡Pues si es así! Caramba —grité—, no quiero seguir de monitor ni un minuto más. ¡Métase el nombramiento en donde no le dé el sol!

Don Lucas recapacitó un instante, murmurando: "¡Calma! ¡Calma!", y tratando de apaciguarme con suaves movimientos sacerdotales de la mano derecha. Sin duda evocaría el punzante recuerdo de las puntas de pluma, el aglutinante de la pega-pega, el viscoso del papel mascado, el urticante de la picapica, pues con voz melosa preguntó, tuteándome contra su costumbre:

—¿Es decir que renuncias?

—¡Sí! ¡Renuncio in-de-cli-na-ble-men-te! —repliqué, recalcando cada sílaba del adverbio, aprendido de Tatita en sus disposiciones electorales.

La clase entera abrió tamaña boca, espantada, creyendo que la palabrota era un terno formidable, anuncio de alguna colisión más formidable aún; pero volvió a la serenidad, al ver que don Lucas se levantaba conmovido, y, tuteándome de nuevo, me decía:

—Pues no te la acepto, no puedo aceptártela... Tú tienes mucha, pero mucha dignidad, hijo mío. ¡Este niño irá lejos, hay que imitarle! —agregó, señalándome con ademán ponderativo a la admiración de mis estupefactos camaradas—. ¡La dignidad es lo primero!... Mauricio Gómez Herrera seguirá desempeñando sus funciones de monitor, y Pedro Vázquez sufrirá el castigo que se le ha impuesto. He dicho... ¡Y silencio!

La clase estaba muda, como alelada; pero aquel "¡silencio!" era una de esas terminantes afirmaciones de autoridad que deben hacerse en los momentos difíciles, cuando dicha autoridad peligra, para que no se produzca ni siquiera un conato de rebelión; aquel "¡silencio!" era, en suma, una declaración de estado de sitio, que yo me encargaría de utilizar en servicio de la buena causa, desempeñando el papel de ejército y policía al mismo tiempo.

Sólo Vázquez se atrevió a intentar una protesta, balbuciendo, entre indignado y lloroso, un:

—¡Pero, señor!...

—¡Silencio he dicho!... Y dos horas más, por mi cuenta.

Acostumbrado a obedecer, Vázquez calló y se quedó quietecito en su banco, mientras una oleada de triunfal orgullo me henchía el pecho y me hacía subir los colores a la cara, la sonrisa a los labios, el fuego a los ojos.

Roberto J. Payró. *Divertidas aventuras del nieto de Juan Moreira*. Primera parte - Capítulo II. Buenos Aires: editorial Losada, 1944.

Roberto Payró

El juez de paz
(Fragmento)

Ya se ha visto que también Pago Chico tenía juez de paz y que éste era entonces, desde años, D. Pedro Machado, "pichuleador" enriquecido en el comercio con los indios, y a quien la política había llamado tarde y mal.

—¡A la vejez viruela! —decía Silvestre.

Y para desaguisados nadie semejante al juez aquel, famoso en su partido y en los limítrofes, por una sentencia salomónica que no sabemos cómo contar porque pasa de castaño obscuro.

Ello es que un mozo del Pago, corralero por más señas, tuvo amores con una chinita de las de enagua almidonada y pañolón de seda, linda moza, pero menor y sujeta aún al dominio de la madre, una vieja criolla de muy malas pulgas que consideraba a su hija como una máquina de lavar, acomodar, coser, cocinar y cebar mate, puesta a sus órdenes por la divina providencia.

Demás está decir que se opuso a los amores de Rufina y Eusebio, como quien se opone a que lo corten por la mitad, y tanto hizo y tanto dijo para perder al muchacho en el concepto de la niña... que ésta huyó un día con él sin que nadie supiera adónde.

Desesperación de misia Clara, greñas por el aire, pataleos y pataletas...

El vecindario en masa, alarmado por sus berridos, acudió al rancho, la roció con Agua Florida, la hizo ponerse rodajas de papas en las sienes, y por si el disgusto había dañado los riñones, la comadre Cándida, gran conocedora de males y remedios, le dio unos mates de cepa caballo...

Luego comenzó el rosario de los consuelos, de las lamentaciones y de los consejos más o menos viables.

—¡Será como ha'e ser misia Clara! ¡Hay que tener pacencia!... ¡Si es de lái háe golver!

—¡Usebio es un buen gaucho y no la v'a dejar! —observaba un consejero del sexo masculino, que atribuía muy poca importancia al hecho.

Pero misia Clara no quería entender razones, ni aceptar consejos, ni tener paciencia.

Petrona era la encarnación de todas sus comodidades, la sostenedora de su ociosidad, el pretexto y el medio de pasarse las horas muertas en la más plácida de las haraganerías. Ausente la joven, acabábanse la holganza, la platita para los vicios, ganada con la aguja, el vestido de zaraza lavado y planchado los domingos, las sabrosas achuras que Eusebio solía llevar del matadero para no ser tan mal recibido como de costumbre...

—¡No! ¡No me digan más! ¡No se lo h'e perdonar! —y se desataba en dicterios para su hija y el raptor, con palabras de tinte tan subido, que no debe consignarse ni un pálido reflejo de ellas, so pena de ir más allá de la incorrección. Era una fiera, un energúmeno, una tempestad de blasfemias y de maldiciones, como si el infierno que la aguardaba cuando tuviera que hacerlo todo por sus manos, se hubiera condensado y quintaesenciado en su interior.

—¡Ya verán! ¡Ya verán! ¡M'he quejar a la autoridá!...

Por más veleidades de rebelión que tenga el campesino nuestro, por más independiente que parezca, la autoridad es un poder incontrastable para él. Los largos años de sujeción y de persecución, desde el contingente hasta las elecciones actuales, con todas sus perrerías, le "han hecho el pliegue" y sólo otros tantos años de libertad permitirán que comience a desaparecer su fe en esa providencia chingada.

Fue, pues, misia Clara a quejarse a D. Pedro Machado.

Un cuarto de paredes blanqueadas, sin más adorno que el retrato del gobernador, el piso de ladrillos cubierto de polvo, un armario atestado de papeles, una mesa llena de legajos, un banco largo, cuatro sillas y dos sillones, una para el juez, otro para el secretario; todo eso era el Juzgado de Paz de Pago Chico y la sala del trono de D. Pedro Machado.

Este digno personaje estaba en pleno funcionamiento, y el alguacil apostado junto a la puerta sólo dejaba pasar a los querellantes, a medida que D. Pedro lo indicaba, después de las decisiones del caso.

–¡Hoy he estado evacuando todo el día! –solía exclamar el funcionario cuando abundaban las causas.

Misia Clara aguardó impaciente su vez, en la puerta de calle, secándose de rato en rato una lágrima de ira que brotaba quizá con la higiénica intención de lavarle las arrugas: vana empresa. La espera fue larga, pues todo Pago Chico estaba en pleito o buscaba la ocasión de estarlo. D. Pedro sentenciaba con una rapidez pasmosa.

–A ver, vos, ¿qué querés?

–Señor, venía porque Suárez me debe cincuenta pesos de pasto y hace dos meses que...

–¡Bueno!... Andá decile que te pague, que digo yo... Y si no te paga, volvé que yo le haré pagar. Vos debés tener razón, porque es un tramposo...

El hombre se fue medianamente satisfecho, dando paso a otros pleitistas cuyo litigio era más complicado.

–Señor Juez, cuando yo hice la pared de mi casa que hoy es medianera con la que está edificando el señor, la Municipalidad me dio una línea sobre la calle, y como mi terreno es rectangular, tiré dos perpendiculares sobre esa línea. Pero ahora resulta que el agrimensor municipal no supo darme la línea y que la pared medianera, como ya digo, se entra en el fondo, en el terreno del señor, que me reclama las varas que le faltan. Yo, a mi vez, y antes de contestar a esa demanda, vengo a demandar a la Municipalidad por daños y perjuicios, porque me dio la línea causante de todo...

Don Pedro Machado, que lo miraba de hito en hito, interrumpiole de pronto interpelando a la parte contraria:

-¿Y usté qué dice?

-¿Yo? Lo mismo que el señor; es la verdad.

-Demandar a la Municipalidad, ¿no?... ¿Y qué sian créido?...

-Señor, yo... demando...

-¡Callate! ¡Y vayan los dos a ver si se arreglan, y pronto... que sinó les atraco una multa!

La audiencia continuó largo rato con incidentes análogos a los anteriores, hasta que entró en el despacho un gubernista de cierta significación que iba furioso contra *La Pampa,* el diario opositor, salido aquellos días de toda mesura. El diario publicaba un violento artículo contra él, Simón Bernárdez, y lo trataba poco menos que de ladrón.

-Hola, Bernárdez, ¿y que lo trai por acá?

-Vengo a acusar por calunia al diario de Viera. ¡Mire lo que me dice!

Y tembloroso de rabia leyó los párrafos culminantes, interrumpido por las indignadas interjecciones de don Pedro Machado.

-¡A hijo de una tal por cual! ¡Ya verá lo que le va a pasar! ¡Es malo tentar al diablo!...

Y dirigiéndose al secretario Ernesto Villar:

-Estendé un' orden de prisión contra Viera...

-Vaya tranquilo nomás, don Simón, que aquí las va a pagar todas juntas.

Se fue Bernárdez a anunciar a sus amigos que había sonado la hora de la venganza; pero el secretario no extendió la orden de prisión.

-Sabe don Pedro, que los jueces de paz, no entienden de delitos de imprenta, y que no podemos dar curso a la acusación de Bernárdez...

-¿No?

-¡No, señor! Tiene que ir a La Plata.

Don Pedro Machado, hizo un gesto de disgusto al recibir la lección y para no menoscabar su autoridad, exclamó en tono de reprimenda:

-¡También vos!, ¿por qué no me decís?

Por fin tocó el turno a misia Clara, que entre gimoteos y suspiros contó cómo Eusebio le había robado la hija, y se desató en improperios contra ambos, pidiendo al juez el más tremendo de los castigos que tuviera a mano.

–¿Cuántos años tiene la muchacha?

–Diciocho, don Pedro.

–Bueno, ya sabe lo que se hace, pues.

La vieja volvió a gemir, asustada del giro que parecía tomar el asunto.

–Pero mire, señor juez, que es única hija, que yo ya estoy muy anciana y que no puedo trabajar... Si ella me falta... más vale que me cortaran un brazo... ¡Haga que güelva, señor juez, que yo le perdono con tal de que no lo vea más a Usebio, que es de lo más canalla!...

Don Pedro permaneció impasible, armando un negro, con el papel entre el pulgar y el índice y deshaciendo el tabaco en la palma de la mano izquierda con las yemas de la derecha.

–¡Amparemé, señor –insistió la vieja–. Haga que güelva m'hija!... ¡O, de no, atraquelé una multa a ese bandido!

–Fa eso no hay multas... Si juera uso de armas –replicó sarcásticamente D. Pedro.

La otra cambió de baterías.

–¡Si usté hiciera que Usebio me pasara siquiera la carne!... ¡Estoy tan vieja y tan pobre!...

–¡Eh, qué quiere misia Clara! La vaquilloncita ya estaba en estau... y es natural.

Hubo un largo silencio. En la cara del juez retozaba una sonrisa reprimida a duras penas.

–¿Qué resuelve, qué resuelve, D. Pedro? –clamó misia Clara, desesperada y lamentable, con las arrugas más hondas y terrosas que nunca.

El insigne funcionario levantó lentamente la cabeza, y después sentenció con calma:

–¿Yo? Que sigan no más, que sigan...

Roberto J. Payró. *Cuentos de pago chico y Nuevos Cuentos de Pago Chico*, Buenos Aires: Losada, 1946.

Roberto Payró

El cuento que mata

Que, en épocas de sentimentalismo agudo, un libro como "Werther"[1] haya impulsado al suicidio, a personas que ya llevaban en sí el germen fatal, es un hecho, en suma, explicable; pero que un cuento al parecer anodino –y tanto que apenas si era cuento– sea una especie de sortilegio poderoso y tenga virtud letal como el ácido prúsico, es cosa que se creerá del dominio exclusivo de la fantasía. Sin embargo, nada más real que el "cuento que mata".

Temeroso de que aún no haya perdido su virtud destructiva, me limitaré a decir que ese cuento narraba un viaje en diligencia entre dos pueblos de la provincia de Buenos Aires. El héroe comenzaba a padecer desde que subía al vetusto armatoste; estibado con un número de pasajeros mayor que el natural, sufría del calor, de los pisotones, del polvo, hasta que llegaba a su destino, anquilosado, hambriento, sudoroso, sucio, miserable... Nada más las dos enumeraciones –viejo estilo– son mías. El autor decía estas pocas palabras en dos largas columnas, incoloras e insípidas.

Todos le conocimos en aquella época, y nadie le hubiere creído encantador ni brujo. Más que nigromante parecía un buen muchacho, muy ingenuo, incapaz de hacer daño

---

1   Goethe, J. W. *Las desventuras del joven Werther.*

a una mosca. ¡Fíese usted de las apariencias!... Y, lejos de envanecerse en su maléfico poder, lo negaba a puño cerrado cuando, más tarde, alguno de sus amigos se lo echaba en cara. Era uno de esos jóvenes periodistas (de algún modo hay que designarlos) adventicios, que nacen como los hongos en tiempo de agitación política, a la sombra del sinnúmero de diarios efímeros que aparecen y vuelven al limbo sin que nadie los recuerde ni los eche de menos. Pero nuestro publicista ocasional a quien por aliteración llamaré Reynoso O'Connel –tenía una peculiaridad que lo separaba de sus colegas: no pertenecía a redacción alguna y las frecuentaba todas– mezcla de aficionado y de "cabrión", como se decía entonces buscando inútilmente quién lo empleara.

No se conformaba con ser noticiero o repórter[2], puestos que hubiera podido desempeñar mal que bien, sin gran dificultad. Picaba más alto: quería ser redactor, o, por lo menos, escribir artículos de costumbres –"a lo Fígaro", decía modestamente–. Y presentaba su "Viaje en Galera" –tal era el título del cuento–, viaje siempre frustrado, pues los originales le eran devueltos sin conmiseración.

Tanto fue y vino, que toda la gente del oficio conocía el engendro, inédito aún, como si hubiera tenido una tirada de miles de ejemplares... Es de creer que aquellos desdenes fueron envenenando la tinta de las cuartillas y dando a las frases de Reynoso O'Connell el mágico poder de que poco después aparecieron dotadas...

En efecto, una tarde, en la redacción de *La Patria Argentina*, Ramón Romero, el coautor (Fray Mocho le dio una "manito") de los ruidosos *Amores de Giacumina*[3], exclamó maravillado:

–¡El artículo de Reynoso O'Connell!

–¡Mentira! ¿En qué diario?

–En *La Libertad*.

---

2 Trabajo de un periodista cuando se iniciaba en la profesión.

3 Novela corta, considerada de autor anónimo, escrita en *cocoliche*, cuya tercera edición data de 1886. Años más tarde se hizo muy popular un sainete de Agustín Fontanella, con el mismo título (1906).

Incrédulos, los demás no quisimos rendirnos sino a la evidencia, y el número de *La Libertad* pasó de mano en mano. ¡Era cierto! "El Viaje en Galera", aparecía, triunfal, en el diario que vegetaba ascéticamente en un segundo piso de la calle Cuyo, después de haber conocido el éxito y la popularidad.

Pero al día siguiente *La Libertad* cesaba de aparecer...

—¡Tú la has muerto! —decían por broma los amigos de Reynoso

—¡No digan pavadas! —exclamaba el autor, incomodado.

Ya iba olvidándose el suceso y la broma, cuando, meses después, alguien exclamó:

—¡El artículo de Reynoso!

—¡No puede ser!

—¡Sí! ¡Aquí está! En *El Nacional.*

—El "Viaje en Galera" ostentábase sobre dos anchas columnas del diario que ilustró Sarmiento[4].

—¡*El nacional* va a morir! —exclamó alguno entre risotadas

¡Oh, pasmo! antes de la semana, el entonces decano del periodismo argentino tiraba su último número en la vieja casa de la calle Bolívar. . .

—¡Eres un asesino! —decían a O'Connell cuantos le encontraban—. ¡Mata diarios! ¡Mata diarios!

—¡No lo repitan, por Dios! ¡No lo repitan, que me pueden perjudicar! —suplicaba el autor afligido.

—¡No! ¡No podemos tolerarlo! ¡Apenas aparece un artículo tuyo el diario se va al bombo! ¡Nos va a dejar sin tener dónde escribir!

—¡No embromen! He publicado artículos, y los diarios viven y circulan cada vez más.

Reynoso O'Connell exageraba. Ningún contemporáneo recuerda ni podrá recordar jamás algún escrito suyo que no fuese el "Viaje en Galera".

Pero he aquí lo que pasó después: "Delicias del Campo" se titulaba el artículo literario publicado por *La Razón* el día

---

4   Sarmiento ingresó en 1855 como redactor en jefe en el diario *El Nacional* —cargo que había ocupado Bartolomé Mitre—, por lo que Sarmiento era asociado a ese importante periódico.

de su muerte. El último que publicó *El Debate* se llamaba "A través de la Pampa". *El Porteño*, segunda época, murió publicando "Un Paseo Campestre". *Sud América* falleció a consecuencia de una "Jornada Desagradable" y *La Unión*, que agonizaba, no pudo resistir a "Un Viajecito"...

Pero ¡horror! cada uno de estos títulos disimulaba el mismo cuento: el funesto "Viaje en Galera" de Reynoso O'Connell, que se lanzaba travestido, a cumplir su terrible misión destructora.

Alguien quiso demostrar la inocencia del cuento objetando:

−Es claro que solo se lo publican los que ya no tienen nada que perder, ni otros materiales de querido echar mano.

Pero la verdad es muy distinta. ¿Cómo explicar, si no que el mismo Reynoso O'Connell desapareciera de Buenos Aires, quizás de sobre el haz de la tierra, cuando ya no quedó quién le publicara su cuento, ni aun disfrazado?...

Roberto J. Payró. Relato publicado a fines de 1927 en *Caras y Caretas*.

Ricardo Güiraldes

La donna è mobile

PRIMERA PARTE

Era domingo, y lindo día; despejado, por añadidura. Deseos
de divertirse y buena carne en vista.
Con su flete,
muy paquete
y emprendao,
iba Armando
galopiando
pal poblao.
Por otra parte:
En el rancho
de ño Pancho
lo esperaba,
ha puestera,
(más culera
que una taba).
–¡*Ah!*, *Moreno, negro y alegre a lo tordo.*

SEGUNDA PARTE

Buena gaucha la puestera, y conocida en el campo como servicial y capaz de sacar a un criollo de apuros. De esos apuros que saben tener sumido al cristiano macho (llámesele mal de amor o de ausencia). Y no era fea, no, pero suculenta, cuando sentada sobre los pequeños bancos de la cocina, sus nalgas rebalsaban invitadoras.

"Moza con cuerpo de güey, muy blanda de corazón", diría Fierro.

Lo cierto es que el moreno iba a pasto seguro, y no contaba con la caritativa costumbre de su china, servicial al criollo en mal de amor.

Cuando Armando llegó al rancho, interrumpió un nuevo idilio. El gaucho, mejor mozo por cierto que el negro, tuvo a los ruegos de la patrona que esconderse en la pieza vecina antes de probar del alfeñique; y misia Anunciación quedó chupándose los dedos, como muchacho que ha metido la mano en un tarro de dulce.

–*¡Negro pajuate!*

TERCERA PARTE

–Güenas tardes.
–Güenas.

No estaba el horno como pa pasteles, y Armando, poco elocuente, manoteó la guitarra, preludió un rasguido trabajoso, cantando por cifra con ojos en blanco y voz de rueda mal engrasada.

–Prenda, perdone y escuche.
Prenda, perdone y escuche,
que mis penas bi'a cantar,
pero usté mi'a de alentar,
pues traigo pesao el buche,
más retobao que un estuche
que no se quiere vaciar.

Doña Anunciación, más seria que el Ñacurutú, guiñaba los ojos, perplejos.

Armando buscó inspiración por milonga:

-No me mire, vida mía,
con esa cara tan mala,
que el corazón se me quiebra
como una hojita'e chala.
Miremé, china, en el alma,
con sus ojos de azabache;
miremé con su cariño,
que no hay miedo que me empache.
Y digamé con los ojos
que lo quiere a su moreno,
y enfrenemé con confianza,
que he de morder en su freno.
Pero no se enoje, prenda,
y no arrugue ansí la cara,
si no quiere que me muera
más blandito que una chara.

Ahí no más, salió el de adentro, enredándose en los bancos, con tamaña daga remolineando, y ambos amantes se encararon, entre insultos y promesas de degüello.

-Negro desgraciado, había de tocarle la mala -y quedó boqueando, mientras el otro huía despreciando a la china, a quien comparaba con bestias poco honradas.

-*Se fue, se fue... pucha, moso apurao.*

La puestera, momentáneamente preocupada, arrastró hacia afuera al muerto, lo subió a duras penas en la zorra, ató el petizo y fue hasta una vizcachera rodeada de tupidos cardos, donde volcó su carga. Mientras tapaba al finao, recordó su nuevo amor ahuyentado.

-Bien muerto -pensaba- por entrometido.

La cabeza quedaba aun de fuera; doña Anunciación no podía ya de cansada, pero era buena cristiana; hizo una cruz de un palito, buscó un lugar donde ponerla, y, con ímpetu repentino, se la clavó al muerto en el ojo.

–¡*Negro pajuate!*

Ricardo Güiraldes. *Cuentos de muerte y de sangre seguidos de aventuras grotescas y una trilogía cristiana.* Buenos Aires: Losada, 1958.

Ricardo Güiraldes

Arrabalera

Es un cuento de arrabal para uso particular de niñas
románticas.

Él, un asno paquetito.

Ella, un paquetito de asnerías sentimentales.

La casa en que vivía,
arte de repostería.
El padre, un tipo grosero
que habla en idioma campero.

Y entre estos personajes se desliza un triste, triste episodio
de amor.

La vio, un día, reclinada en su balcón; asomando entre flores su estúpida cabecita rubia llena de cosas bonitas, triviales
y apetitosas, como una vidriera de confitería.

¡Oh, el hermoso juguete para una aventura cursi, con
sus ojos chispones de tome y traiga, su boquita de almíbar
humedecida por lengua golosa de contornos labiales, su
nariz impertinente, a fuerza de oler polvos y aguas floridas,
y la hermosa madeja de su cabello rizado como un corderito
de alfeñique!

En su cuello, una cinta de terciopelo negro se nublaba de
uno que otro rezago de polvos, y hacía juego, por su negru-

ra, con un insuperable lunar, vecino a la boca, negro tal vez a fuerza de querer ser pupila, para extasiarse en el coqueto paso sobre los labios de la lengüita humedecedora.

Una lengüita de granadina.

La vio y la amó (así sucede), y le escribió una larga carta en que se trataba de querubines, dolores de ausencia, visiones suaves y desengaño que mataría el corazón.

Ella saboreó aquel extenso piropo epistolar. Además, no era él despreciable. Elegante, sí, por cierto, elegante entre todos los afiladores del arrabal, dejando entrever por sus ojos, grandes y negros como una clásica noche primaveral, su alma sensible de amador doloroso, su alma llena de lágrimas y suspiros como un verso de tarjeta postal.

Todo eso era suficiente para hacer vibrar el corazón novelesco de la coqueta balconera. Se dejó amar.

Rolando paseose los domingos empaquetado en un traje estrecho y botines dolorosamente puntiagudos, por la vereda de quien le concedía, en calidad limosna, una que otra sonrisa (deliciosa sonrisa) de su boca de frutilla.

Compróse para el caso un chaleco floreado de amarillos pétalos sobre fondo acuoso una corbata de moño, con colores simpáticos a los del chaleco, y una varita de frágil bambú hornada de delicioso moño de plata.

A ella le floreció la boca, sonrojáronsele las mejillas, y sus ojeras tomaron un declive de melancolía.

¡Amor, amor!

Divino surtidor.

Pero había un padre..., y ¡qué padre!

Bastó una circunstancia fortuita para que mostrara su alma innoble. Se precipitó sobre el tierno jovencito y, desordenando la pétrea rigidez de sus solapas, habló así el torpe:

–Vea, so cajetilla, despéjeme la vedera, y pa siempre, si no quiere que le empastele la dentadura, ¿mi–a–óido?

¡Qué hombre grosero, tan grosero, y qué trompada en el cristal de los corazones enamorados!

¡Oh, nobles flores del balcón, vosotras supisteis el tibio rocío de las lágrimas lloradas por Azucena!

¿Y el jovencito?

¡Ay!... Escribía versos, rimando sus penas para aliviarse en actitudes interesantes, pero no tenía el genio de Musset, y su única lectora apenas si respondía ya a sus súplicas.

¡Pobre jovencito! Sufría oyendo con infinita ternura el canto de los pajaritos y lagrimeaba en los crepúsculos. El olor de los jazmines, que ella quería, le producía desfallecimientos. Su corazón se deshojaba como una flor, y vivía forjando romances tristes.

Eso no podía seguir.

Enflaqueció, perdió el gusto de comer y la afición de vestirse, era un lirio sin sol, concluyendo por tomar la fatal decisión de poner fin a su existencia.

¡Pobre jovencito! Escribió su último verso de amarga despedida, dijo que su sangre salpicaría el retrato ingrato y, sonriente ante su supremo dolor, dijo muchas, muchas, muchísimas cosas tristes, y, ¡pun!... se dio un tiro en el cerebro.

Ricardo Güiraldes. *Cuentos de muerte y de sangre seguidos de aventuras grotescas y una trilogía cristiana*. Buenos Aires: Losada, 1958.

José Ingenieros

Apéndice

Elogio de la risa
(fragmento)

Hay alegrías y tristezas en los paisajes, hay quejumbres y risas en todo lo que existe, como si en cada colina, bosque, arroyo, corola o mariposa palpitara una partícula de un alma universal, infinita. Paisajes sanos y enfermos, jóvenes y viejos: en algunos sobra la vida, en otros languidece. La salud tiene en ellos fisonomía especial, sonrisa, alegría; los de naturaleza moribunda parecen muecas de angustia y de pena.

Pasando por Chinón[1], que sin ser la cuna de Rabelais[2] está vinculada estrechamente a su recuerdo, -sin contar que en el "cabaret de la Cave Peinte" expendía su padre buenos vasos de vino- las reflexiones sobre las causas y las virtudes de la risa se impusieron de inmediato a nuestra imaginación. Y pensando involuntariamente en el desigual sentido psicológico de los paisajes, comprendimos, una vez más, que en la vida la tristeza y la alegría corresponden a estados diversos de salud mental y física. ¿No presumiría

---

1   Localidad francesa comprendida en el departamento de Indre y Loira y situada en la región Centro.

2   Se refiere a François Rabelais, escritor, médico y humanista francés que nació en Seuilly, localidad del distrito de Chinón. Es el autor de la serie Gargantúa y Pantagruel.

eso mismo Stendhal[3] cuando aseguró que para una disertación sobre la risa el estío anatómico sería preferible al académico?

Un instinto previsor nos da la sensación del placer cuando se produce una intensificación de nuestra personalidad. Nos place todo lo que nos aumenta, completa o mejora: nos duele todo lo que amengua, dificulta o restringe la expansión individual. Ese placer y ese dolor, si son duraderos, se traducen por estados de alegría o de tristeza; si transitorios, estallan en risa o en llanto. Fácil es comprender que la alegría y la risa concuerdan generalmente con fenómenos fisiológicos propicios ni bienestar del individuo y a la prosperidad de la especie.

Los higienistas reconocen, unánimes, que la risa es benéfica, y los fisiólogos enseñan que es privilegio de organismos cuyas funciones están equilibradas; los psicólogos podrían agregar, sin vacilaciones, que la felicidad suele ser patrimonio de los hombres que saben reír.

Todos los encomiastas de la risa han loado sus virtudes: ella expulsa el humor negro, elimina la bilis y desopila el bazo, presuntos autores o cómplices de la tristeza. Algunos moralistas solemnes han osado considerarla incompatible con cierta estética, mas nunca permitiéronse desconocerla como legítima compañera de la salud.

Prescindimos de las risas patológicas, producidas por una enfermedad orgánica o por un desequilibrio mental; son ajenas a estas reflexiones y se estudian en los libros de medicina. Para los demás casos podríamos ensanchar la fórmula *rabelaisiana*, afirmando que la risa expresa cierto eretismo o plenitud vital que suele corresponder a la buena salud.

Los psicólogos llaman "euforia" al bienestar subjetivo constituido por la conciencia de ese eretismo o plenitud vital; podemos, pues, decir que esa euforia mantiene al hombre en "estado de alegría" y en "inminencia de risa". Conviene hacer esa distinción entre el fenómeno permanente y el accidental, entre el "temperamento alegre" y el simple "acceso de risa".

---

3   Stendhal (1783-1842). Escritor francés del siglo XIX conocido por sus novelas *Rojo y negro* (*Le Rouge et le Noir*, 1830) y *La cartuja de Parma* (*La Chartreuse de Parme*, 1839).

Para establecer su correlación exacta, diremos que el primero corresponde al organismo habitualmente sano y el segundo, a los momentos episódicos de bienestar.

Hay risas y risas, distintas todas dentro de la fundamental unidad de su expresión. Algunas abiertas y sonoras como cascabelear de castañuelas; otras discretas como el elogio de un rival; penetrantes, como la mirada de una amante celosa; heladas, como las felicitaciones amargas de los fracasados; cálidas y expresivas, como la palabra alentadora de un satisfecho. Las hay mudas y reveladoras, respetuosas y confidenciales, inflexibles y tolerantes, fugaces y definitivas, aterciopeladas y violentas. Algunas son parciales, relativas o convencionales; otras son irresolutas, reservadas e incompletas. Hay también risas enfermas: imitativas, grotescas, felinas, el rictus, la risa loca, la risa doliente, la alucinatoria, la delirante, las risas histéricas y otras que preferimos olvidar.

Pero, la risa-arquetipo, la ubérrima, la que sintetizara la total acepción del vocablo, necesitaría expresar simultáneamente la máxima intensidad y amplitud de vida, resumiendo el ejercicio del mayor número de funciones, elevadas a su más alto nivel.

No olvidemos que el espíritu es la representación de todas las funciones orgánicas. Antes se lo creyó el privilegio de una incorpórea entidad acoplada a la carne triste; después se consideró sus facultades como funciones del cerebro, segregando éste ideas como bilis el hígado; hoy se sabe que la actividad psíquica es la resultante de todas las actividades orgánicas coordinadas por los centros nerviosos: las funciones elementales de la vida –la sensibilidad y el movimiento– contienen ya los gérmenes de las más complicadas funciones del espíritu humano. Y el clásico *mens sana* podemos glosarlo "espíritu alegre en cuerpo alegre". Un organismo sano es la subestructura indispensable para un espíritu jovial, activo, generoso, optimista; un organismo enfermizo es el fatal incubador de la tristura, la pereza, la envidia, el pesimismo. La alegría y la risa son simples accidentes subordinados a contingencias materiales. Un estado de alma es un estado de cuerpo.

Se es triste o alegre como se es anémico o pictórico, ágil o torpe, bilioso o linfático. Una alimentación abundante o pobre, una higiene satisfactoria o deficiente, un empleo cómodo o fatigador, un riñón sano o calculoso, una piel coriácea o permeable, hacen al hombre alegre o triste, truecan el temperamento jovial en sombrío. Así también, accidentalmente, una copa de champaña, una buena compañía, una fugaz jaqueca, una digestión fácil, una fatiga de amor o una hora de estudio, son factores que obstan o favorecen el acceso de risa, en proporción y circunstancias variables para cada individuo.

Al estudiar la expresión de las emociones suele definirse la risa por el conjunto de movimientos fisiológicos que exteriorizan una emoción de placer: breves sacudidas respiratorias que se suceden rápidamente a través de las cuerdas vocales reunidas o separadas, produciendo sonidos altos, claros e inarticulados, quedando flojo el velo del paladar, la boca generalmente abierta y contraídos de manera característica ciertos músculos de la cara.

Los psicólogos, en cambio, han procurado establecer las condiciones de actividad mental que determinan la risa; no han conseguido, sin embargo, ponerse de acuerdo sobre tema tan escabroso. Sólo han concordado en reconocer que la risa es un fenómeno exclusivamente humano, verdad admitida mucho tiempo ha.

La frase de Rabelais: "reír es lo propio del hombre", fue ampliada por Voltaire en términos muy repetidos: "Los animales no ríen de placer aunque lloran de tristeza. El ciervo puede verter un humor de sus ojos, cuando se ve acosado; el perro también, cuando se le diseca vivo. Pero ellos no lloran la pérdida de sus amigos, como hacemos nosotros; ellos no estallan de risa, como nosotros, en presencia de un objeto cómico. El hombre es el único animal que sabe reír y llorar". Otros filósofos hicieron innumerables incursiones en este campo; y a fe que el tema es tentador. Pero la ciencia, desconfiando de tanta hojarasca, buscó por otros caminos una interpretación de la risa, en el orden fisiológico y en el psicológico.

Algunos creen que no basta resumir en ingeniosas doctrinas algunas condiciones psicológicas de la risa para explicar los movimientos mímicos que suelen acompañarla. ¿Por qué se contraen de cierta manera los músculos de la cara, así como los del pecho y del abdomen, cuando sentimos un placer intenso o cuando nos choca un contraste inesperado? Esta respuesta debe inquirirse en la fisiología.

Pero no es menos justa la curiosidad de los que consideran secundarios los fenómenos mímicos; lo esencial es, para ellos, el engranaje mental que pone en juego los resortes de la expresión.

En suma: la fisiología permite estudiar la risa-mueca y la psicología hace comprender la risa-intención. En un extremo encontramos la mímica de la emoción de placer y en otro el elemento intelectual de la risa.

Los tontos (débiles de espíritu) y los tristes (enfermos de espíritu) son los menos aptos para percibir el ridículo. Su imperfección les coloca en sitio de víctimas antes que de verdugos, de burlables y no de burladores. No hay risa intelectual sin la conciencia de la propia superioridad con relación a la inferioridad de lo ridículo. Ese carácter subjetivo explica por qué algunos tontos creen burlarse del prójimo en el propio momento en que se conviertan en objeto de la risa ajena.

Una misma acción o persona es ridícula en distinto grado para sujetos diferentes; su ridiculez depende, en gran parte, del que la observa. Los idiotas jamás descubren el lado ridículo de las personas o de los acontecimientos; cuando ríen lo hacen automáticamente, sin gozar. Un imbécil comprendería el ridículo de Sancho Panza al contar que cabalgando un clavileño subió tan alto que veía a la tierra como un grano de pimienta y a los hombres apenas como avellanas. Un tonto reiríase acaso al pensar que los hombres parecían más grandes que la tierra, pero tal vez no encontraría ridículo a Sancho en el papel de hidalgo y héroe. Es seguro que pocas personas han tenido un solo minuto de gracia comparable a la de aquel filósofo a quien le reprocharon que usara guantes rotos y resolvió ponérselos del revés para disimular los agujeros.

Si ridículo es todo lo contrario al ideal de perfección humana, la ridiculez debe ser varia para individuos que tengan un ideal de perfección distinto. En una reunión mundana todos ríen diversamente según sus aptitudes mentales. Un joven mediocre es incapaz de percibir el menor ridículo en el ceremonial de una tertulia; entrando a una sala sin calefacción encuentra correcto quitarse el gabán aunque tenga frío, tomar té aunque el brebaje esté malo, felicitar niñas que tocan pésimamente el piano y hablar tres horas, con personas que no le interesan, sobre asuntos absolutamente triviales. Una persona de inteligencia discreta advertirá que todo eso es Ridículo, así como buena parte de los gestos y palabras vulgares que interesan a otras personas menos inteligentes. Por fin, hombres dotados de una intelectualidad superior pueden llevar más lejos el análisis, descubriendo la ridiculez donde otros no se atreverían siquiera a sospecharla.

Cada espíritu posee su lente; ve más o menos, según él sea. Los tontos y tristes son ciegos al ridículo, refractarios a su percepción; los inteligentes y alegres lo descubren a distancia y con aumento. La risa es humana y es eterna; por eso dice Platón que las Gracias, buscando un templo que jamás pudiera ser destruido, encontraron el alma de Aristófanes[4].

El vulgo, constituido por unidades gregarias, hombres de rebaño, suele confundir la sana alegría con la frivolidad y la seriedad solemne con el carácter. A menudo se oye decir de un triste que es persona seria, o de un alegre que es informal. Tal confusión sería un disparate si se formulara de buena fe; pero suele ser una excusa difundida por los tontos y los tristes, con el objeto de justificar su propia inferioridad.

---

4 Dramaturgo griego que se destacó en la elaboración de comedias de alto contenido satírico. Se conservan once obras suyas, entre otras, *Las nubes*, una sátira contra los nuevos filósofos, como Sócrates, *Las aves*, donde se mofa del imperialismo ateniense y *Lisístrata*, las mujeres que logran imponer la paz a costa de someter a sus esposos a una rigurosa abstinencia sexual.

Dichos de José Ingenieros sobre la risa

- No creamos en los hombres solemnes que temen comprometerse ante quien los ve reír. Son contrabandistas del talento, falsos monederos de la intelectualidad, piratas del éxito y de la fama; sólo aspiran a que la masa ingenua los consagre "hombres serios": saben que con ese pasaporte, y sin bagaje, se puede llegar muy alto y muy lejos.

- Los hombres solemnes y silenciosos son simuladores de baja ralea; espíritus indigentes que ocultan en la penumbra del silencio la andrajosa miseria de sus ideas.

- Es raro el hombre serio que calla por astucia; más son los que callan porque nada tienen que decir. Su seriedad no cobija pensamiento alguno, pues el cerebro de los hombres solemnes suele ser una página en blanco. La seriedad es una simple incapacidad de reír.

- El hombre que no puede reír, no sólo es apto para traiciones y estratagemas, sino que toda su vida es ya una traición y una estratagema.

- No se puede negar que algunos espíritus refinados tórnanse inaccesibles a la alegría y se crean "una especie de inmunidad a la risa".

- La risa ausente denuncia la incapacidad de amar y de admirar, la parálisis de toda inclinación buena o generosa.

- La risa intelectual es la dádiva con que la Naturaleza ha integrado los privilegios de los hombres más excelentes.

- La risa y el placer son exponentes de energía vital; pero pueden, a su vez, ser los estimulantes de esa energía.

- Toda expresión mímica tiende a determinar la emoción que habitualmente le corresponde: poniendo cara triste no es posible pensar en cosas alegres, y viceversa. Por eso la risa provocada merece una amplia cabida en la medicina del espíritu.

- "Hay que reír antes de ser feliz –dice Goethe–, y si la alegría se resiste a venir, hay que forzarla". Ese es, sin duda, el secreto de muchas personas que ríen siempre y a todo propósito, viviendo contentas de sí mismas y de las demás.

- "Se ha llegado a contar –decía Voltaire–, que algunas personas han muerto de risa; me cuesta creerlo, pero seguramente hay muchas más que han muerto de tristeza".

- Si son jóvenes, deben enamorarse de una mujer que sepa reír con los ojos y con el espíritu, con los labios y con el corazón, con todo su cuerpo gracioso y salubérrimo, plenamente, absolutamente, con una risa que sirva para algo más que mostrar sus lindos dientes.

José Ingenieros. *Crónicas de viajes*. Buenos Aires: Editorial Ramón Roggero, 1951.

Los que se reían tanto

Bartolomé Hidalgo (1788-1822)

Poeta rioplatense, nacido en Montevideo (Uruguay). De origen modesto, fue empleado de tienda y peluquero. En 1818 se trasladó a Buenos Aires. Sus poemas han sido agrupados en dos series, *Cielitos* y *Diálogos patrióticos*. Los críticos distinguen en su producción dos etapas: una de poemas cívicos y militantes (de 1811 a 1816), y otra, de tono más personal e individual. Se le considera iniciador de la poesía gauchesca, por el uso de expresiones tomadas del habla de los gauchos, y la incorporación de personajes populares que dialogan como en una improvisación o payada.

Hilario Ascasubi (1807-1875)

Es uno de los primeros poetas gauchescos, junto con el uruguayo Bartolomé Hidalgo. Ferviente anti rosista, en una de sus poesías, "La refalosa", reproduce la amenaza de un "mazorquero" rosista a un gaucho que es contrario a Rosas, y en ella se comenta cómo eran las torturas utilizadas por esa milicia para lograr, a la fuerza, la adhesión al gobierno rosista. En su *Santos Vega o los mellizos de la Flor* (1851) -en cierto modo poema épico de la literatura gauchesca- presenta en breves cuadros descriptivos la vida de la pampa y de sus pobladores. A veces utilizó como seudónimos los nombres de dos obras suyas: Paulino Lucero y Aniceto el Gallo. Publicó; *El gaucho Jacinto Cielo* (1843), *Paulino Lucero* (1846), *Aniceto el Gallo* (1853).

Juan Bautista Alberdi (1810-1884)

Escritor, sociólogo, jurista y político argentino, nació en Tucumán y murió en París. Realizó los primeros estudios en su ciudad natal. En 1824 recibió una beca para estudiar en el Colegio de Ciencias Morales de Buenos Aires, donde conoció a Miguel Cané (padre), con quien compartió la lectura de *Julia*, de Rousseau. Su obra ha ejercido una considerable influencia en las instituciones políticas argentinas. Escribió sobre música y sobre Derecho. Además fue periodista. Escribió dos obras teatrales, *El gigante Amapolas* y *Crónica dramática de la Revolución de Mayo* (1839). Luego de vivir en exilio, regreso a la Argentina tras la caída de Rosas. Escribió *Bases y punto de partida para la organización política de la Confederación Argentina* (1852), obra que influyó poderosamente en la redacción de la Constitución Nacional.

Domingo Faustino Sarmiento (1811-1888)

Político, filósofo, pedagogo, escritor, docente, periodista, estadista y militar argentino y quizás una de las figuras más polémicas de la historia. Fue gobernador de la Provincia de San Juan, Senador Nacional por su Provincia y presidente de la Argentina entre 1868 y 1874. Vivió muchos años en el exilio por su oposición al gobierno de Juan M. de Rosas y es considerado un autor fundacional de la literatura argentina por su obra *Facundo o Civilización y Barbarie* (1845) donde a partir de la vida del caudillo riojano Facundo Quiroga, traza una descripción de la vida social y política del país que tiene alcances sociológicos e históricos, e inaugura la conflictiva dicotomía entre la "civilización" y la "barbarie", personificadas por los medios urbano y rural, respectivamente.

Lucio V. Mansilla (1831-1913)

Como coronel del Ejército Argentino participó en la Guerra del Paraguay y luego fue nombrado comandante de las fronteras del sur de Córdoba donde tomó contacto con los indios, experiencia que dejó plasmada en una obra célebre: *Una excursión a los indios ranqueles.* Fue periodista, escritor, político y diplomático y ejerció como gobernador del Territorio Nacional del Gran Chaco entre 1878 y 1880. Murió en París.

José Hernández (1834-1886)

Poeta, autor de *Martín Fierro,* obra cumbre de la literatura gauchesca. Estudió en el Liceo Argentino de San Telmo, pero una enfermedad del pecho le hizo abandonar Buenos Aires y reunirse con su padre en un campo de Camarones. Regresó a Buenos Aires, tras la batalla de Caseros (1852), y se vio involucrado en las luchas políticas que dividieron al país después de la caída de Juan Manuel de Rosas. Se dedicó al periodismo: escribió en *El Argentino*, en *Eco de Corrientes* y fundó más tarde, en Buenos Aires, *El Río de la Plata,* diario de vida efímera. Fue autor además de *Vida del Chacho,* sobre el general Ángel Vicente Peñaloza. En 1882 dio a conocer *Instrucción del estanciero,* tratado completo para la plantación y manejo de campo destinado a la cría de hacienda vacuna, lanar y caballar, libro que, pese a lo específico del título, tiene un marcado cariz político.

Geoffroy Francois Daireaux (París, 1839-Buenos Aires, 1916)

Conocido como Godofredo Daireaux, se estableció en la Argentina en 1868, donde se dedicó a la actividad agropecuaria. Hijo de ricos productores de café en el Brasil, adquiere estancias en Rauch, Olavarría y Bolívar. También compra terrenos e instala almacenes sobre la línea del ferrocarril al Pacífico y participa de la fundación de la ciudad de Rufino, en la provincia de Santa Fe y Laboulaye y General Viamonte, en la provincia de Córdoba. Por problemas de salud deja su actividad y se dedica a la escritura y la docencia.

Trabaja en *La Nación*, colabora en *Caras y Caretas*, *La Prensa*, *La Ilustración Sudamericana*, *La Capital* de Rosario, y dirige el diario francés *L'independant*. Escribe relatos de costumbres reunidos en distintos volúmenes: *Tipos y paisajes criollos*, *Cada mate un cuento*, *Los dioses de la pampa*, entre otros, y tratados como *La cría del ganado* (1887), *Almanaque para el campo y Trabajo agrícola*.

En París publicó *Dans la Pampa* (1912). Una escuela de artes y oficios en Rufino, calles en varias ciudades y un partido bonaerense recuerdan su nombre.

Pastor Obligado (1841-1924)

Escritor, abogado y militar, fue un hombre característico de la llamada "Generación del 80", dedicado a las letras y a la política y la guerra. Entre 1888 y 1920 publicó sus evocaciones en una larga serie de libros titulados sucesivamente *Tradiciones de Buenos Aires*, *Tradiciones y recuerdos* y *Tradiciones argentinas*. Estas obras reúnen gran cantidad de anécdotas y pequeños relatos que recogen las costumbres y detalles de la vida cotidiana de la época. De familia terrateniente, hijo del primer gobernador constitucional de la provincia de Buenos Aires, fue secretario del Departamento General de Escuelas, fiscal y juez de primera instancia. Realizó largos viajes por América, Europa y el Oriente, volcando sus impresiones en escritos como *Viaje a Oriente* y *Los Estados Unidos tal cual son*. Colaboró asiduamente en diversas publicaciones como *La Revista de Buenos Aires*, *Correo de Ultramar*, *Atlántida*, *Caras y Caretas*, *La Nación*, *La República*, *El Nacional*, *La Tribuna* y *La Razón*.

Eugenio Cambaceres (1843-1888)

Escritor y político. Se graduó de abogado en la Facultad de Derecho. En 1870 es elegido diputado y nombrado secretario del Club del Progreso y en 1873 vicepresidente. En 1876 es reelegido diputado nacional pero renuncia a su escaño, y deja la vida pública para dedicarse a la literatura. Como escritor introdujo el naturalismo y los argumentos de índole realista y local con cuatro novelas de temática pesimista; las dos primeras son *Pot-pourri* (1881) y *Música sentimental. Silbidos de un vago* (1884). Ambas con historias de adulterios conyugales.

En 1885 dio a conocer su novela más significativa, *Sin rumbo*, donde ofreció descripciones de paisajes y anécdotas en torno a un asunto de patología sexual. Poco antes de morir (1887) publicó *En la sangre*, historia del hijo de un inmigrante que busca dejar su origen humilde para lo cual se casa con la hija de un estanciero adinerado. Terminan derrochando su fortuna y arruinando su vida.

Eduardo Wilde (1844-1913)

Nació en Tupiza, Bolivia. Médico, político, diplomático y escritor, es uno de los exponentes de la llamada "Generación del 80". Estudió en la Universidad de Buenos Aires, pero antes de recibirse colaboró en la epidemia de cólera de 1867-1868 y fue cirujano del ejército en la Guerra del Paraguay. Fue ministro plenipotenciario en Estados Unidos y luego en Bélgica, donde murió. Es autor de *Edipo, Tiempo perdido, Prometeo & Cía, Aguas Abajo* y *Viajes y Observaciones, por Mares y por Tierras*.

Lucio Vicente López (1848-1894)

Escritor, periodista, abogado y político argentino. Hijo de Vicente Fidel López y nieto de Vicente López y Planes. Investigador de temas históricos y jurídicos, reemplazó a

Sarmiento en el diario *El Progreso*, cuando el presidente se retiró de la vida política. Es autor de *Don Polidoro* (1881), *Recuerdos de Viajes* (1881) y *La gran aldea* (1884), novela escrita en formato de folletín que relata las transformaciones sufridas por Buenos Aires y sus habitantes tras la caída de Juan Manuel de Rosas.

Miguel Cané (1851-1905)

Escritor y político argentino, una de las plumas más representativas de la "Generación del 80". Ocupó el cargo de Intendente de la ciudad de Buenos Aires y otros cargos públicos: embajador, docente universitario y director-encargado de varias oficinas públicas.

Nació en Montevideo, durante la expatriación de su familia. A los dos años de edad regresó a Buenos Aires después de la caída de Juan Manuel de Rosas.

Entre 1863 y 1868 cursó su bachillerato en el Colegio Nacional de Buenos Aires cuyas experiencias fueron narradas en *Juvenilia*, el más recordado de sus libros. Se inició en el periodismo tempranamente en el diario *La Tribuna* de sus primos los Varela, y luego en *El Nacional*, junto a Domingo Faustino Sarmiento y Vélez Sársfield.

Fray Mocho, seudónimo de José Sixto Álvarez (1858-1903)

Escritor y periodista argentino que se hizo muy famoso por sus retratos costumbristas y de época, donde sobresalía su humor ingenuo no exento de picardía. Nació en Entre Ríos. Entre sus amigos era conocido como Mocho, a lo que luego el escritor le sumó el Fray, por fraile. Escribió en los principales periódicos de su tiempo: *El Nacional, La Pampa, La Patria Argentina* y *La Razón*. Y en las revistas *El Ateneo, La Colmena Artística* y, sobre todo, *Caras y Caretas*, de la que fue editor y fundador. Entre sus libros se destacan

*Esmeraldas, Cuentos Mundanos, La vida de los ladrones
célebres de Buenos Aires y sus maneras de robar* y, sobre
todo, *Memorias de un Vigilante*. Es además autor de una
novela documental muy curiosa, *El Mar Austral* (1898).

Martiniano Leguizamón (1858-1935)

Aunque hijo de militar, pasó su infancia en el campo y
aprendió en una escuela rural las primeras letras; se formó
en el colegio de Concepción del Uruguay y se recibió de
abogado en Buenos Aires. Viajó por Sudamérica y Europa,
pero permaneció apegado al terruño: más que un escritor
hispanoamericano resulta un escritor regional que se distingue especialmente en la descripción de la vida del campo. Su
obra más interesante se titula *Montaraz* (1900) cuya acción
se desarrolla en la tierra de Entre Ríos, con toda la intensidad
y la violencia de la vida de la época. Otras obras suyas son
Recuerdos de la tierra (1896), *Alma Nativa* (1906), *De cepa
criolla* (1908) y *Fiesta en la estancia* (1917).

Gabino Ezeiza (1858-1916)

Payador y cantante. Nació en San Telmo. De ascendencia
negra y cuna humilde, adquirió celebridad como payador
y autor de más de quinientas composiciones, que él mismo
interpretaba. Desde el año 1872 incursionaba en el arte de la
payada y fue considerado el más antiguo y notable payador del
Río de la Plata. Fueron famosos y frecuentes sus encuentros
con otros payadores, en esa lucha verbal del contrapunto. En
1891, Ezeiza sostuvo con Nemesio Trejo una payada que resul-
tó memorable, la contienda duró tres días. Luego, en 1902, se
enfrentó con José Betinotti, en un circo que funcionaba en
Venezuela y Maza, en el barrio de Boedo.

Además de recorrer los pueblos del interior con su arte y
su guitarra, lo hizo también con un circo de su propiedad, el
llamado "Pabellón Argentino" que perdió en un incendio en

el año 1893. Grabó discos, algunos con acompañamiento de Manuel Campoamor en piano, célebre compositor del tango "La Cara de la Luna", y recopiló sus versos en el folleto "Cantos a la Patria".

Nemesio Trejo (1862-1916)

Payador y escritor. Es autor de las obras teatrales *Los devotos* y *La fiesta de don Marcos* (1890). Aunque se había recibido de escribano, trajinaba la noche porteña, con su guitarra a cuestas. En los boliches de Buenos Aires y sus alrededores ejercitaba sus dotes de payador afamado (compitió con nada menos que Gabino Ezeiza, que lo venció). Tenía pasión por el circo, y de vez en cuando actuaba en la pista. Trejo fue un cronista de la actualidad que reflejó con buen oído para el habla popular y olfato para detectar el humor del momento. Escribió más de cincuenta piezas, muchas de las cuales superaron las cien representaciones: la más exitosa fue *Los políticos* (1897).

Roberto J. Payró (1867-1928)

Periodista y escritor, fundó el periódico *La Tribuna* (Bahía Blanca). Luego trabajó como redactor del diario *La Nación*. Durante este tiempo, tuvo la oportunidad de viajar frecuentemente al exterior y al interior del país. En 1895, se publicó una recopilación de sus artículos, en el libro *Los italianos en la Argentina*. Sus diarios de viaje e impresiones dieron lugar a las novelas: *La Australia Argentina* (*Excursión periodística a las costas patagónicas, Tierra del Fuego e Islas de los Estados*) y *En las tierras del Inti*. En sus novelas recoge el lenguaje costumbrista e irónico. Apela a personajes típicos y relata situaciones comunes, mostrando a los inmigrantes italianos, o el "pícaro criollo". En las *Divertidas aventuras del nieto de Juan Moreira*, cuenta la historia de un provinciano y su carrera política. Su novela más importante es *Pago Chico*.

Ricardo Güiraldes (1886-1927)

Su niñez y juventud se repartieron entre San Antonio de Areco y Buenos Aires. Fue precisamente en ese pueblo rural donde tomó contacto con la vida campestre y de los gauchos, experiencias que utilizaría años más tarde en *Raucho (1917)* y en *Don Segundo Sombra* (1926), sus principales obras. En 1918 publica la novela corta *Un idilio de estación* en la revista *El cuento ilustrado* de Horacio Quiroga. *Cuentos de muerte y de sangre seguidos de aventuras grotescas y una trilogía cristiana* (1915), su primer libro, es un curioso compendio de distintos cuentos y relatos que constituyen sus primeras experiencias literarias.

José Ingenieros (1877-1925)

Nacido en Italia como Giuseppe Ingegneri, fue médico, psiquiatra, psicólogo, farmacéutico, escritor, docente, filósofo y sociólogo. Su libro *Evolución de las ideas argentinas* marcó rumbos en el entendimiento del desarrollo histórico de la Argentina como nación. Se destacó por su influencia entre los estudiantes que protagonizaron la Reforma Universitaria de 1918. En 1888 ingresó al Colegio Nacional Buenos Aires, que dirigía Amancio Alcorta. En 1892, ya habiendo finalizado sus estudios secundarios en el Colegio Nacional Buenos Aires, fundó el periódico *La Reforma* y un año después, 1893, ingresó como alumno a la Facultad de Medicina de Buenos Aires, de la que se recibió en 1897 de farmacéutico y en 1900 de médico con su tesis *Simulación en la lucha por la vida.*

En 1903 la Academia Nacional de Medicina lo premió por *Simulación de la locura* (secuela de su tesis editada en libro). Fue Jefe de la Clínica de Enfermedades Nerviosas de la Facultad de Medicina de la Universidad de Buenos Aires y en 1904 ganó la suplencia de la Cátedra de Psicología Experimental en la Facultad de Filosofía y Letras.

En 1909 fue elegido Presidente de la Sociedad Médica Argentina. Sus ensayos sociológicos, *El Hombre Mediocre* y ensayos críticos y políticos, como *Al margen de la ciencia*, *Hacia una moral sin dogmas*, *Las Fuerzas Morales*, *Evolución de las ideas argentinas* y *Los tiempos nuevos* tuvieron un gran impacto en la enseñanza a nivel universitario en la Argentina y obtuvieron una gran adhesión moral entre la juventud latinoamericana. Durante la Reforma Universitaria de 1918 fue elegido Vicedecano de la Facultad de Filosofía y Letras, con amplio apoyo del movimiento estudiantil.

Índice